KB159395

행복이 정말
인생의 목표일까?

행복이 정말 인생의 목표일까?

이유선 글 | 조원희 그림

철학

나무를심는사람들

여긴 어디고
나는 누구인가?

여러분은 자기 자신이 누구고 지금 어디에 있는지 알고 있나요? 이런 질문을 던지면 아마도 '미친 거 아냐?'라고 생각할지도 모르겠네요. 왜냐하면 여러분은 자기 자신의 이름이 아무개이고 어떤 부모님 밑에서 태어나 어느 동네에서 자라고 있는지 매우 분명하게 알고 있을 것이기 때문이죠. 이 질문은 여러분의 출생의 비밀을 캐고자 하는 것은 아니에요. 여러분이 잘 알고 있다고 생각하는 그것이 과연 여러분 자신을 잘 설명해 주는 것인지 묻는 것이죠.

　여러분은 아마도 어렸을 때 부모님이 귀찮아할 정도로 수많은 질문을 했을 거예요. 해는 왜 뜨는지, 바람은 왜 부는지, 바퀴는 왜 구르는지, 꽃은 왜 피는지, 심지어 밥은 왜 먹어야 하고, 잠은 왜 자야 하는지도 물었을 거예요. 그렇지만 어느 순간 여러분은 질문을 점점 하지 않고 선생님이나 부모님이 가르쳐 주는 것을 그대로 받아들이면서 커 왔겠지요. 그러다가 어느 날 문득 자기 자신이 낯설게 여겨지는 경험을 하게 될 거예요. 아직 그런 경험을 해 본 적이 없다고요? 그럼 이 책은 좀 나중에 읽기로 해요. 하하,

농담이었고요. 이 낯설게 여겨지는 경험이란 흔히 사춘기 시절에 겪는 '나는 누구인가?'라는 자기 자신의 진짜 모습에 대한 의문과 관련되어 있어요.

우리의 몸이 점점 어른처럼 변하고 머릿속으로도 생각이 많아지면서 성장기 청소년은 자연스럽게 '나는 누구인가?'라는 질문을 하게 되지요. 그런데 이런 진지한 질문은 친구들에게 말하기에는 너무 오글거려서 차마 꺼내지 못하는 경우가 많아요. 그리고 자칫 잘못 꺼냈다가는 중2병 환자로 낙인찍힐 수도 있고요. 그렇지만 사실 이 질문은 사춘기 청소년들에만 해당하는 것은 아니에요. 성숙한 어른이라면 누구나 가슴 한편에 늘 간직하고 있는 질문이지요.

옛날 영화 중에 〈매트릭스〉라는 SF 영화가 있어요. 주인공은 자신이 평범한 회사원인 줄 알고 살았는데, 어느 날 자신이 살던 세상이 진짜 세상이 아니라 컴퓨터가 시뮬레이션하고 있는 세상이라는 것을 깨닫지요. 영화의 주인공인 네오는 컴퓨터가 지배하는 세상을 구원할 구원자가 될 것인지 아니면 컴퓨터 속의 세상으로 다시 돌아가 일상적이고 평온한 삶을 살 것인지 선택해야 하는 순간을 맞이해요. 이런 선택의 순간은 마치 지금까지 아무 생각 없이 살아온 내가 계속해서 그렇게 살아갈 것인지, 아니면 자신의 삶의 방향을 스스로 선택해서 자신을 만들어 가는 사람이 될 것인지를 묻는 것으로 보여요. 이 영화가 히트 칠 수 있었던 것은 기발한 상상력 때문이기도 하겠지만 관객에게 '나는 누구인가?'라는 질문을 던지게 했기 때문이라고 봐요. 관객은 네오의 선택을 바라보면서 만약 내가 영화의 주인공이었다면 어떤 선택을 했을지 생각해 보게 되지요.

여러분이 어려서 많은 질문을 던졌던 것은 여러분이 타고난 철학자이기 때문이에요. 어린아이들은 질문을 부끄러워하지 않고 의문 나는 것이면 무엇이든 물어요. 그런데 자라면 우리는 아마도 모두가 같은 생각을 하게 될 것이고, 나와 너의 차이도 잘 모르게 될 거예요. 내가 사는 세상은 어떤 세상인지, 그 속에서 사는 나는 어떤 사람인지를 묻는 것은 그렇게 단조로운 세상에서 살지 않기 위해서 우리가 꼭 해야 할 일이에요.

철학자들은 "우리가 왜 착하게 살아야 하나?" 같은 엉뚱한 질문을 던져요. 여러분이 부모님이나 선생님께 "왜 착하게 살아야 돼요?"라고 물으면 아마 반항한다고 혼날 거예요. 그러니까 그런 질문은 일단 혼자서 던져 보기로 해요. 여긴 어디, 나는 누구?

차례

4장
우리가 아는 게 진짜로 맞는 걸까?

인식론

5장
과학 기술이 발달하면 행복해질까?

과학 철학, 심리 철학

1장

나좀 내버려 두면 안 돼?

사회 철학

컴퓨터 게임 할 자유를 달라고?

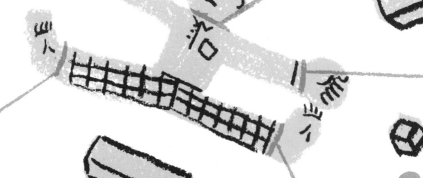

14

컴퓨터 게임을 하면 시간 가는 줄 모르는 친구들이 많이 있을 거예요. 사실 공부보다야 컴퓨터 게임이 재미있지요. 그런데 부모님은 여러분이 컴퓨터 게임을 하는 것을 좋게 생각하지 않을 거예요. 컴퓨터 게임만 하면 부모님은 잔소리를 하시지요. 왜 부모님은 그렇게 여러분의 자유를 억압하는 걸까요? 컴퓨터 게임을 할 자유를 주면 안 되나요?

사실 우리 사회의 청소년들은 지나친 공부 부담에 시달리고 있어요. 많은 학생들이 학교 공부뿐 아니라 사교육도 받고 있지요. 학교가 끝나면 학원에 가야 하고 학원이 끝나면 학교와 학원에서 내준 숙제를 해야 되지요. 그러다 보면 잠을 잘 시간조차도 부족한 것이 현실이에요. 하루 종일 공부만 하려니 스트레스도 이만저만이 아니죠. 스트레스를 풀 유일한 탈출구는 컴퓨터 게임이에요. 그래서 친구들과 피시방에 가지요. 그렇지만 피시방에 가는 일은 몰래 해야 해요. 부모님이 알면 당장 공부 안 하고 놀기만 한다는 잔소리를 듣기 십상이죠. 중학생 정도의 나이면 이제 자기 앞가림을 할 나이인데 언제까지 부모님의 잔소리에 시달리면서 마음대로 게임도 할 수 없는 것일까요? 나이를 얼마나 더 먹어야 자유로운 개인으로서 인정받을 수 있을까요?

슬프지만 여러분이 나이를 훨씬 더 먹어도 자유로운 개인이 되기는 힘들어요. 중고등학교 시절에 열심히 공부해서 대학에 가면 취업 경쟁에 뛰어들어야 하고, 취업을 하면 승진 경쟁을 해야 하고, 결혼을 하게 되면 집을 사기 위해 돈벌이 경쟁을 해야 할 거예요. 여러분에게 게임하지 말고 공부하라는 잔소리를 하는 부모님도 따지고 보면 그리 자유롭지는 않아요. 부모님은 여러분이 학교와 학원에 잘 다닐 수 있도록 살림도 해야 하고 직장에 나가서 돈도 벌어야 해요. 만약에 집을 사기 위해 은행에서 돈을 빌렸다면 이자와 원금을 갚아 나가기 위해 잔업이나 야근까지도 해야 할지 몰라요. 여러분과 더 많은 시간을 보내고, 같이 놀아 주고 싶은 마음이 있어도 일을 해야 하기 때문에 아마도 그렇게 하지 못하는 부모님도 많이 있을 거예요. 부모님은 아마도 여러분만큼은 나중에 좀 여유 있게 살면서 자식과 해외여행도 다니면서 많은 시간을 같이 보냈으면 하는 마음에 여러분을 더 닦달하고 있는지도 모르지요.

부모님도 자유롭지 않아

자유롭다는 것은 막연하게 내가 하고 싶은 것을 할 수 있는 것을 뜻하지는 않아요. 근대 철학자들은 인간이 자유롭게 태어난 존재라고 말했어요. 그런데 자유롭게 태어났다는 말은 좀 공허해요. 현실적으로 자신이 하고 싶은 일을 하면서 살 수 없는 경우가 대부분인데, 인간이 태어나면서부터 절대적인 권리로서 자유를 부여받았다고 말하는 것이 무슨 소용이 있을까요? 존 스튜어트 밀과 같은 자유주의 철학자들은 자유를 적극적인 의미의 자유와 소극적인 의미의 자유로 나누었어요. 적극적인 의미의 자유란 사회 속에서 자아를 실현해 나가는 것과 관련된 자유라고 할 수 있어요. 반면에 소극적인 의미의 자유는 '다른 사람에게 피해를 주지 않는 한 내가 하고 싶은 것을 할 수 있는 자유'를 뜻해요. 이사야 벌린 같은 현대의 자유주의 철학자는 적극적인 의미의 자유를 강조하는 것은 다른 사람의 자유를 침해할 수도 있는 폭력적인 결과를 낳을 수 있기 때문에 소극적 자유의 실현에 힘써야 한다고 주장했어요.

사람들은 하고자 하는 일이 다 달라요. 각자가 가진 관심과 재능이 다르기 때문이죠. 사람들이 자유롭다고 느끼는 것은 자신이 가진 관심과 재능에 따라서 자신이 하고 싶은 일을 할 때일 거예요. 그런데 어떤 사람이 하는 일이 만약 다른 사람에게 피해를 주는 일이라면 그것은 결국 다른 사람의 자유를 해치는 것이 될 거예요. 그래서 그런 일은 사회적으로 허용해서는 안 돼요. 하지만 아무에게도 해가 되지 않는 일이라면 그 사람이 그런 일을 마음껏 할 수 있게 도울 필요가 있어요. 그래서 자유는 단지 개인의 자유 의지에 따라서 무엇을 하느냐 마느냐의 문제라기보다는 사회적인 조건과 사회적인 합의의 문제가 돼요.

우리 사회가 좀 더 자유로운 사회가 되려면 각자가 하고 싶은 일을 할 수 있는 사적이고 개인적인 공간을 마련해 줄 필요가 있어요. 부모님이 하루 종일 일터에서 일하고 집에서 잠깐 쉬다가 주무시고 다시 출근해야 되는 상황이라면 부모님에게는 그런 개인적인 공간은 없는 셈이에요. 여러분이 나중에 대학을 졸업하고 비슷한 삶을 산다면 아마 여러분도 부모님보다 더 자유로운 삶을 살기는 힘들 거예요. 그래서 좀 더 적게 일하고도 집을 장만하거나 자녀를 교육시키는 데 어려움이 없이 살 수 있는 사회적 조건을 만드는 일이 중요해요.

부모님도 나처럼 하고 싶은 것을 못하고 사는구나 하는 생각이 좀 드나요? 아니, 어차피 나중에도 자유롭게 못 살 테니 당장 컴퓨터 게임을 할 자유나 누려야겠다고요? 그것도 나쁘지 않은 주장이군요. 당장 누려야 할 자유를 미루는 것도 좋은 일은 아니지요.

2

왕따 없는
교실을
만들려면
?

언제부터인가 초등학교부터 고등학교까지 왕따 없는 학교가 없을 정도로 왕따가 일반적인 현상이 되어 버렸어요. 왜 학생들은 어떤 학생을 따돌리고 괴롭히는 것일까요? 다 같이 사이좋게 지내면 될 텐데, 왜 그렇게 하지 못하는 것일까요? 왕따 없는 교실을 만들 수는 없을까요?

요즘은 인구 절벽이라고 할 정도로 사람들이 점점 애를 낳지 않기 때문에 한 학급의 인원이 점점 줄어드는 추세지만, 베이비붐 세대가 학교를 다녔던 옛날에는 한 학급 인원이 무려 78명이었어요. 지금 생각해 보면 어떻게 그 좁은 교실에 78명이나 되는 학생들이 앉아서 하루 종일 수업을 들었을지 신기할 따름이지요.

그런데 더 신기하게 생각이 되는 것은 그 시절에는 왕따가 없었다는 거예요. 간혹 좀 노는 친구들이 다른 친구들의 도시락을 빼앗아 먹거나 심하면 돈을 빼앗는 일이 있기는 했어도, 한 학급이 하나가 되어 한 학생을 괴롭히는 일은 없었던 것 같아요. 학생이 너무 많아서 일치된 행동을 하지 못해서일지도 모르지요. 그렇지만 약한 아이를 집단으로 괴롭히는 일은 확실히 별로 없었던 것 같아요.

그렇다고 해서 옛날의 학교가 더 좋았다고 말하려는 것은 아니에요. 여러 가지 면에서 요즘의 학교가 많이 좋아졌죠. 학교 시설도 좋아지고, 급식도 좋아지고, 학급 인원수도 줄어들고, 선생님들도 더 친절해지고, 학생들도 더 똑똑해졌죠. 나빠진 점을 꼽

으라면 아마도 경쟁이 더 심해진 점을 들 수 있을 거예요. 소위 명문대에 가기 위한 경쟁이 초등학교 저학년부터 시작되고 사교육도 훨씬 심해졌죠. 왕따 현상이 발생하는 것은 이런 변화와 관련이 있는 것은 아닐까 추측해 봐요. 학교만 그런 것이 아니고 우리 사회 전체가 경쟁 사회가 되었어요. 취업은 점점 힘들어지고, 그래서 많은 학생들이 공무원이 되려고 하고, 취업이 되더라도 회사에 오래 다니려면 사내에서 다시 경쟁을 해야 하죠. 취업, 결혼, 자녀 교육, 내 집 마련 등등 모두 경쟁이 아닌 것이 없어요.

66 각자의 개성을 99 존중해 줘

경쟁에서는 강하거나 우월한 사람이 약하거나 열등한 사람을 이기게 돼요. 경쟁에서 이긴 사람에게는 여러 가지 보상이 주어져요. 반면에 경쟁에서 진 사람은 패배자라는 꼬리표가 달려요. 이런 일이 반복해서 일어나면 사람들은 힘세고 똑똑한 사람은 좋은 사람, 그렇지 못한 사람은 나쁜 사람이라고 생각하게 돼요. 그리고 무엇보다도 자기 자신이 좋은 사람보다는 나쁜 사람이 될까 봐 불안해하게 돼요. 이런 불안감이 사회적으로 퍼지면 사람들은 경쟁에서 지지 않으려고 더욱더 노력하게 되지요.

여러분은 여기서 무엇이 잘못되었는지 금방 알아챘을 거예요. 경쟁에서 이긴 사람이 좋은 사람이고 진 사람이 나쁜 사람이라고 볼 만한 어떤 이유도 없지요. 사람은 다 타고난 소질과 능력이 달라요. 어떤 사람은 운 좋게도 사회가 원하는 소질을 타고나고 어떤 사람은 그렇지 못해요. 좋은 사회는 다양한 소질들이 모두 인정받을 수 있는 사회일 거예요.

아이들은 어른을 따라 해요. 그래서 아이들의 잘못은 대부분 어른들의 잘못이에요. 경쟁에서 밀려나 나쁜 사람이 될까 봐 걱정하는 어른들은 자신보다 약한 사람을 찾아서 괴롭힘으로써 불안에서 벗어나려 해요. 러시아의 스킨헤드(극우 인종주의자)가 동양인을 테러한다든가, 독일의 신나치가 난민들을 테러한다든가, 일본의 극우 집단이 한국인들에게 폭력을 행사하는 것은 다 같은 이유에서 그런 것이에요. 학교에서 일어나는 왕따는 그런 것을 따라 하는 거지요.

미국의 철학자 듀이는 민주주의 사회를 그 사회 구성원 모두가 인정받는 사회라고 보았어요. 한 사람의 루저도 만들지 않는 사회야말로 우리가 만들어야 할 민주주의 사회라는 것이죠. 경쟁을 하되 승자와 패자를 만드는 경쟁이 아니라 모두가 승자가 되는 경쟁을 하는 사회가 민주주의 사회라고 할 수 있어요. 그렇게 되려면 그 사회 구성원 모두의 개성이 존중되어야 해요. 한 가지 기준으로 사람들을 줄 세워서는 안 돼요.

듀이는 교육의 목표가 성장이라고 했어요. 성장은 각자의 소질과 능력에 맞게 이루어져요. 성장의 목표와 결과는 성장하는 사람이 스스로 만들어 가는 것이에요. 좀 더 나은 사람이 되고자 하는 모든 사람은 모두 성장의 과정에 있다고 할 수 있어요. 그리고 그 성장의 과정에서 누가 더 낫고 누가 더 못하다고 말하는 것은 아무 의미가 없어요. 성장하는 사람 자신만이 자신이 얼마나 성장했는지 알 수 있기 때문이에요.

왕따 없는 교실을 만들려면 우리의 교실이 모든 학생의 개성을 존중하는 공간이 되어야 해요. 공부 잘하는 학생이나 주먹 센 학생이 승자라고 여기는 교실에서 학생들은 루저가 되지 않으려고 자기보다 힘없는 학생을 희생시키려 할 거예요.

경쟁은 좋은 건가?

학교생활이 늘 즐겁지만은 않은 이유는 친구들하고 경쟁을 해야 하기 때문이죠. 학교에서는 시험을 자주 보고 시험 결과에 따라서 상을 주거나 벌을 줘요. 시험 때문에 친구들과 경쟁을 해야 한다는 것 자체가 스트레스죠. 학교에서는 왜 이렇게 경쟁을 시키는 것일까요? 경쟁을 하지 않고 살 수는 없을까요? 경쟁을 하는 것이 좋은 건가요?

스트레스가 마구 쌓여

우리의 일상적인 생활에서 경쟁은 큰 비중을 차지해요. 학교에서 보는 시험도 성적을 가지고 경쟁을 하는 것이고, 컴퓨터 게임을 할 때도 서로 경쟁을 하는 경우가 많죠. 프로 야구나 축구도 팀끼리 경쟁을 해요. 회사 생활을 하는 직장인들도 실적을 가지고 경쟁을 하죠. 어떻게 보면 우리의 삶은 경쟁의 연속으로 되어 있어요. 경쟁의 결과 어떤 사람은 승자가 되고 어떤 사람은 패자가 되지요. 여럿이 경쟁하는 경우에는 소수의 승자와 다수의 패자가 생겨요. 우리가 늘 승자가 된다면 좋겠지만 그렇지 않은 경우가 어쩔 수 없이 더 많죠. 패자가 되는 것은 썩 기분 좋은 일은 아니에요. 그래서 경쟁이 시작되면 우리는 늘 스트레스를 받게 되지요.

그렇다고 해서 경쟁이 늘 나쁜 것은 아니에요. 경쟁을 통해서 우리는 좀 더 나아질 수 있어요. 경쟁에서 이기기 위해서 공부를 더 열심히 하고, 운동을 열심히 할 수도 있지요. 만약에 경쟁이 없다면 우리는 매우 게으르게 살지도 몰라요. 이런 경쟁이 가장 활발하게 지속되는 장소는 시장이에요. 여기서 말하는 시장은 동네 상인들이 물건을 파는 그런 시장이 아니라 자본주의 시스템을 운용하는 전체 시스템을 말해요.

우리는 모두 소비자로서 시장에 참여하고 있어요. 기업은 생산자로서 시장에 참여하고 있지요. 기업은 소비자가 기꺼이 선택할 만한 상품을 시장에 내놓아야 살아남을 수 있는 경쟁에 참여하고 있어요. 그야말로 생존 경쟁이 일어나는 것이지요. 소비자의 선택을 받지 못하는 기업은 시장에서 사라져요. 그래서 기업은 어떻게 하면 다른 회사보다 더 좋은 상품을 만들 것인지 고민하죠. 이런 상황은 소비자에게 나쁠 것이 없어요. 소비자는 기업들이 경쟁한 결과 더 좋은 상품을 싸게 살 수가 있지요.

그러나 기업이 늘 소비자보다 낮은 위치에 있는 것은 아니에요. 자본주의 사회의 소비자는 대부분 노동자이기도 하죠. 기업은 생산을 위해 노동자를 고용해야 해요. 소비자인 노동자는 자신의 노동력을 기업에 팔아야 하는 위치에 있어요. 여기서도 경쟁은 일어나요. 노동자는 더 좋은 노동력을 더 싼값에 팔아야 해요. 기업이 선택하지 않으면 노동자도 살 수 없어요.

로버트 노직이라는 철학자는 심지어 국가도 이와 같은 시장에서의 경쟁을 통해서 만들어진다고 주장했어요. 노직은 어떤 조직이나 단체도 거기에 참여하는 사람들의 자발적이고 합리적인 선택의 결과가 아니라면 정당하지 않은 것이라고 생각해요. 노직은 시장에 참여하는 사람들이 모두 합리적인 선택을 한다고 보았어요. 시장에서 나쁜 물건을 일부러 비싸게 사는 사람은 없지요. 사람들은 더 좋은 물건을 더 싼 가격에 사려고 해요. 그런 선택을 합리적이라고 말해요. 국가도 그런 합리적 선택의 결과라고 노직은 주장해요.

예를 들어 사람들이 모여 사는 작은 마을이 있는데, 그 마을에 와서 약탈을 일삼는 도적 떼가 있다고 생각해 봐요. 마을 사람들은 아마 도적 떼를 물리칠 수 있는 총잡이를 보안관으로 고용할 거예요. 그런데 또 다른 총잡이가 마을을 지켜 주겠다고 등장하면 어떻게 해야 할까요? 마을 사람들은 보안관과 새로운 총잡이가 힘을 합쳐 하나의 단체를 만들기를 원할 거예요. 여러 총잡이들이 서로 나서면 마을이 늘 불안할 테니까요. 노직은 바로 그런 단체가 국가라고 보았어요. 국가의 역할은 시장의 질서를 어지럽히는 사람을 쫓아내는 것이지요. 그런 국가를 '경찰국가'라고 불러요.

로버트 노직(1938~2002) 미국의 철학자로서 하버드 대학교 철학과 교수를 지냈다. 『아나키에서 유토피아로』, 『무엇이 가치 있는 삶인가?』 등의 저서가 있다. 시장 질서를 옹호하는 완전 자유주의를 주장하여 『정의론』의 저자인 롤스와 자유주의 논쟁을 벌였다.

노직은 그런 국가는 사람들이 자발적으로 선택한 것이기 때문에 정당하다고 보았어요.

노직은 한때, 시장은 자유롭고 합리적인 사람들이 모여 형성된 조직이기 때문에 매우 자연스럽고 정의로운 영역이라고 생각했어요. 노직은 이런 생각을 말년에 바꿔요. 왜냐하면 시장이 아무리 합리적인 선택에 의해 자연스럽게 형성되는 영역이라고 해도 늘 합리적인 결과를 낳는 것은 아니기 때문이죠. 시장에서의 경쟁이 계속되면 소수의 승자와 다수의 패자가 생겨요. 많은 사람들이 스트레스를 받으면서 살 수밖에 없는 구조라는 것이죠.

학교에서 시험을 보는 것은 어찌 보면 시장의 원리를 교육에 도입해서 전체적인 능력을 향상시키고자 하는 것으로 볼 수 있어요. 획일적인 기준으로 시험을 보는 것은 많은 학생들을 실패자로 만들 수밖에 없어요. 시험을 못 보더라도 너무 자책하지 마세요. 여러분의 잘못이 아니니까요.

선생님은 왜 내 일기장을 볼까?

중학생이 된 여러분은 아마 숙제로 일기를 써 가는 일은 더 이상 하지 않겠지요. 초등학교 시절에는 아마도 일기를 써 가는 것이 숙제인 적이 있었을 거예요. 어린 시절을 떠올려 보면 일기를 써 가는 숙제가 가장 하기 싫었던 것 같아요. 선생님께 나의 개인적인 일상을 보여 주기가 싫었던 거지요. 선생님이 나의 개인적인 사생활을 들여다보는 것은 정당한 것일까요?

선생님들이 일기장을 보거나 가방 안에 있는 소지품을 검사하는 것은 나름대로 교육적인 의미가 있어서 그럴 거예요. 매일 일기를 쓰는 것은 글쓰기 실력을 향상시키는 좋은 습관이기도 하고, 일기를 통해서 스스로를 돌아봄으로써 더 나은 사람이 되려고 노력할 수 있으니 교육적으로 권장할 만한 일이지요. 그래서 일기 검사를 해서라도 반드시 일기 쓰는 습관을 들여야겠다고 생각하실 수 있어요. 가방의 소지품을 검사하는 것도 혹시 여러분이 위험하거나 유해한 물건을 가지고 다니다가 해를 입지 않을까 하는 걱정 때문에 하는 걸 거예요.

그렇지만 아무리 합당한 이유가 있어도 검사를 맡는 입장에서는 기분이 좋지 않지요. 저는 예전에 검사를 맡기 위해 일기를 억지로 썼던 기억이 있어요. 누군가 나의 일기를 읽는다고 생각하니 진심이 담긴 일기를 쓸 수가 없었어요. 그래서 매일 똑같은 이야기를 반복해서 썼지요. 예를 들면 오늘은 날씨가 맑아서 기분이 좋았다거나, 학교에서 오늘은 어떤 과목을 공부했는데 뭐가 어려웠고, 뭐가 재미있었다거나, 친구인 아무개와 무슨 놀이를 하고 놀아서 즐거웠다거나 하는 식으로, 누가 봐도 상관이 없을 만한 일기를 기계적으로 썼지요. 이제 와서 생각해 보면 그런 식의 글쓰기는 글쓰기 실력을 향상시키는 데도 도움이 되지 않았고, 나 자신을 돌아보는 데도 별로 도움이 되지 않았어요.

66 매일 99
똑같은 이야기만 써

가방을 검사할 때에는 기분이 더 좋지 않았어요. 교과서 이외의 책은 책가방에 넣어 다녀서는 안 된다는 규칙이 있어서 혹시 만화책이라도 가지고 다니다가 걸리면 창피를 당하게 되지요. 그런데 만화책을 가지고 있는 것이 나쁜 짓인지는 잘 모르겠어요. 책가방에 넣어 가지고 다니지 않는다고 해서 만화책을 보고 싶은 학생이 만화책을 안 보게 되는 것도 아니고, 만화를 보는 것이 그리 나쁜 일도 아니지 않나요? 왜 선생님들은 나의 사적인 습관과 취미에 대해 간섭하고자 했던 것일까요?

선생님들이 학생들의 사적인 영역에 대해 간섭하려고 한 것은 학생들이 아직 인격적으로 미성숙한 존재라서 좋은 품성과 취향을 얻게끔 도와주려고 한 것이었다고 생각해요. 그러나 좀 뒤집어서 생각해 보면 어른이 된다고 해서 누구나 인격적으로 성숙하게 되는 것도 아니고 청소년 가운데에도 매우 사려 깊은 학생들이 있어요. 미국의 철학자 리처드 로티는 사적인 공간에서 자기 자신의 완성을 꾀하는 사람을 '아이러니스트'라고 불렀어요. 아이러니스트란 자기 자신의 삶의 의미에 대해서 늘 물음을 던지고, 자신의 삶이 고유한 가치를 갖는 삶이 되기를 바라는 사람이에요. 모두가 아이러니스트가 되지는 않을 거예요. 자기 자신의 삶의 의미에 대해 진지하게 묻고 그 물음에 답하는 것을 일부러 피하는 사람도 많으니까요.

아이러니스트는 자신의 삶이 남들과 어떻게 다른지 묻고 그 고유한 삶이 왜 의미가 있는 것인지 스스로 답하고자 해요. 그래서 아이러니스트는 남들과 동일한 기준으로 평가받는 것을 중요하게 여기지 않아요. 중요한 것은 남들과 다른 기준, 관점, 어휘로 자기 자신의 삶을 평가하는 것이에요. 그렇게 하려면 아이러니스트는 남들이 좋다고 말하는 기준에 따라서 자신의 삶이 좋게 평가되는 것도 피해야 해요.

아이러니스트는 자기 자신을 평가할 수 있는 기준 자체를 스

리처드 로티(1931–2007) 미국의 실용주의 철학자이다. 『철학 그리고 자연의 거울』, 『우연성· 아이러니·연대성』 등의 책을 통해 철학과 문학의 경계를 허무는 새로운 관점을 제시했다. 그는 모든 이론이 사적인 자아 창조를 위한 것이며, 공적인 차원에서는 이론보다 실천적인 연대가 필요하다고 주장했다.

스로 만드는 사람이에요. 그 기준은 남들에 의해 이해되거나 평가될 수 있는 기준은 아닐 거예요. 아이러니스트의 기준은 오로지 그 자신에 의해서만 평가될 수 있고 그 자신에 대해서만 의미가 있어요. 그 기준이 진정으로 올바른 기준인지에 대해서는 아무런 객관적인 근거도 없고, 아이러니스트 자신도 확신할 수 없어요. 아이러니스트는 자신이 만든 기준에 따라서 자신이 진정으로 완성되었는지 확신할 수 없지만, 그와 같은 완성을 추구하지 않을 수 없는 사람이라는 의미에서 아이러니스트인 셈이에요.

아마도 어려서부터 아이러니스트인 학생들도 있을 거예요. 그 학생들은 끊임없이 자신의 고유한 욕망과 관심사에 대해 탐구하고 자신의 활동을 통해 성취하게 되는 기쁨의 정체에 대해 물을 거예요. 그런 학생들에게 일기를 써 오라고 요구하는 것은 오히려 그 학생들에게 가식적인 글을 쓰게 할 위험이 있어요.

선생님들은 대체로 공부를 잘하는 학생들을 좋아하죠. 부모님들도 우리가 공부를 잘하길 바라요. 시험을 잘 못 보기라도 하면 마치 큰일이라도 난 듯이 혼을 내시죠. 그렇게 공부에 매달리는 이유가 뭘까요? 공부 좀 못하면 안 되나요?

우리나라의 교육열은 세계적으로도 유명하죠. 예전에 미국의 오바마 대통령은 공식 석상에서 여러 차례 한국의 교육열을 본받아야 한다고 말한 적이 있어요. 그런 것을 보면 공부에 집착하는 것은 우리나라만의 현상은 아닌가 봐요. 국가적인 차원에서 교육에 힘쓰는 것은 고급 인력이 많을수록 국가의 경쟁력이 향상되기 때문일 거예요. 선생님이나 부모님이 여러분에게 공부를 열심히 하라고 하는 것은 사회적으로 성공을 하려면 공부를 잘해야 한다고 생각해서죠. 그런데 누구나 공부를 잘할 수는 없어요. 어떤 경우든 매우 적은 수의 우등생과 다수의 평범한 학생이 있을 수밖에 없어요. 선생님이나 부모님이 바라는 것은 우리 모두가 그 소수의 우등생이 되길 바라는 거죠. 그런데 그것은 처음부터 불가능한 요구예요.

공부를 잘하는 학생이 나중에 성공할 확률이 높은 것은 부정할 수 없는 사실일 거예요. 대부분의 부모님들이 바라는 판사, 검사, 의사, 교수 등과 같은 전문직에 종사하려면 명문 대학에 들어가서 어려운 시험을 통과해야 하거나 박사 학위를 받아야 해요. 그리고 그런 공부를 잘하려면 공부하는 데 소질도 있어야 해요.

내가 만약 그런 공부에 관심도 없고 소질도 없다면 나는 공부 잘하라는 말을 들을 때마다 고통스러운 느낌을 갖게 될 거예요.

임금 차이를 줄여야 해

요즘은 많이 달라졌다고 하지만, 독일의 교육 제도는 모든 학생이 공부를 해야 한다고 생각하는 우리나라와는 많이 다르다고 해요. 대부분의 학생들이 대학에 들어가기 위해 인문계 고등학교에 진학하는 우리나라와는 달리 독일에서는 청소년기에 많은 학생들이 직업 훈련을 받는 학교에 입학한다고 해요. 그 학교를 졸업하는 학생들은 한 분야의 '마이스터(장인)'가 되기 위한 교육을 받는 거죠. 대학을 졸업하지 않아도 직업 학교를 나온 학생들은 대학 졸업자에 비해 적지 않은 급여를 받고 취직을 할 수 있다고 해요. 스웨덴이나 핀란드와 같은 북유럽 국가들에서는 버스 운전사가 대학 교수와 비슷한 정도의 월급을 받는다고도 들었어요. 만약에 우리나라도 그렇게 된다면 요즘처럼 누구나 대학에 들어가려고 하기 싫은 공부를 억지로 하지는 않을 거예요.

우리나라의 교육열은 그 자체로 나쁘다고 할 수 없지만 분명히 지나친 면이 있어요. 교육이 한 개인을 사회적으로 유용한 사람으로 성장시키는 것이라고 할 때, 각자가 사회에 도움이 되는 사람이 되려고 노력하는 것은 좋은 거죠. 그러나 어떤 사람이 되는 것이 유용한 사람이 되는 것인가 하는 문제를 충분히 논의하고 합의하지 않는다면 높은 교육열은 많은 사람을 고통에 빠뜨릴 수도 있어요.

우리는 보통 능력 있는 사람이 경쟁에서 승리해서 합당한 보상을 받는 것을 정의롭다고 생각해요. 그런 생각을 능력주의(meritocracy)라고 해요. 경쟁의 과정이 공정하다면 능력 있는 사람이 좋은 대우를 받는 것은 아무 문제가 없다고 생각할 수도 있어요. 그렇지만 한 사람의 능력은 그 사람이 속한 사회에서 합의된 기준에 의해서 평가되기 때문에 상대적인 것일 수밖에 없어요.

예컨대 어떤 사람이 열심히 무술을 연마해서 축지법이나 장풍을 익혔다고 해 봐요. 그 사람의 능력은 우리 사회에서 높게 평가받을 수 있을까요? 자동차나 고속 열차, 비행기 같은 빠른 교통수단이 있는 상황에서 축지법은 아무런 소용이 없어요. 심지어 무시무시한 위력을 가진 무기가 개발된 오늘날 장풍 같은 것을 어디에 써먹을 수 있을까요? 그리고 이미 합의된 유용한 능력을 평가하는 테스트도 사실은 단지 테스트를 위한 테스트인 경우도 많아요. 영어 실력은 대부분의 시험에서 요구되지만 막상 그 사람의 직무와는 무관한 경우도 많아요.

민주적인 사회는 각자의 소질과 능력을 사회적으로 활용할 수 있는 사회예요. 만약 사회적으로 유용하다고 인정되는 능력이

제한적이라서 많은 사람들이 각자의 개성을 인정받지 못한다면 아무리 경쟁의 과정이 공정하다고 해도 전체적으로 그 사회는 공정한 사회라고 할 수 없어요. 공부 잘하는 사람보다 공부 못하는 사람이 더 많은 것은 너무나도 당연한 거죠. 공부 좀 못해도 잘살 수 있는 사회를 만들어야지, 모두가 공부를 잘해야 한다고 말하는 것은 넌센스라고 할 수 있어요.

6

물건을 살 때 자유를 느낀다고?

39

여러분은 꼭 사고 싶은 물건이 있나요? 없다고 말할 사람이 별로 없겠지요? 친구가 새로 나온 스마트폰을 자랑하면 나도 그것을 사고 싶고, 새로 나온 화장품이나 게임, 신발, 옷 같은 것도 사고 싶을 거예요. 그런데 사실 그런 물건의 대부분은 내게 꼭 필요한 것이 아닐 경우가 많아요. 왜 꼭 필요하지도 않은 것을 꼭 사고 싶은 것일까요?

이 세상은 늘 '신상'으로 넘쳐 나요. 매일매일 TV에서는 새로운 상품을 광고해요. 특히 어른들은 홈쇼핑 방송에서 광고하는 상품들을 잘 사요. 그런 광고를 보고 있다 보면 세상 사람들이 다 그 물건을 살 것 같고, 내가 그 물건을 사지 않으면 올바른 선택을 하지 않은 것 같은 느낌이 들어요. 합리적인 소비자라면 그렇게 좋은 물건을 그렇게 싼 가격에 사는 것이 당연한 일이라고 생각하게 되죠.

그렇지만 그렇게 해서 구입한 물건은 대부분 잘 사용하지 않게 되는 경우가 많아요. 예를 들어 실내용 운동 기구 같은 것들이 그렇죠. 광고를 보면 그 기구를 사서 운동을 열심히 하면 몸짱이 될 거라는 환상을 갖게 돼요. 그렇지만 대부분은 며칠 운동하다가 포기하게 되죠. 실내용 운동 기구는 옷걸이나 빨래 말리는 거치대로 전락해요. 사람들은 그렇게 될 줄 알면서도 막상 광고를 보면 다시 물건을 사요. 도대체 왜 그러는 걸까요?

요즘은 물건을 사기가 너무나도 쉽죠. 인터넷 쇼핑을 통하면

클릭 몇 번으로 원하는 상품을 집으로 배달시킬 수가 있어요. 어떤 상품이 더 나은지, 어느 상점에서 가장 저렴한 가격으로 물건을 파는지도 쉽게 비교해서 살 수가 있어요. 더욱이 우리나라의 택배 서비스는 정말 빨라서 아침에 주문한 상품을 저녁에 받는 경우도 있어요. 물건을 주문하고 택배로 받는 일은 이제 우리의 일상이 되었어요. 내가 사고 싶은 물건을 내가 사고 싶을 때 살 수 있다는 데에서 나는 일종의 자유를 느껴요. 내가 만약 사고 싶은 물건을 돈이 없어서 사지 못한다면 나는 자유롭지 못하다고 생각할 거예요. 내가 물건을 사는 데 열심인 이유는 아마도 그 물건이 꼭 필요해서라기보다 그런 자유를 느끼고 확인하고 싶어서일지도 몰라요.

지그문트 바우만이라는 학자는 오늘날 우리가 자유라고 생각하는 것은 소비할 때 느끼는 자유 이외에는 아무것도 아니라고 주장해요. 자유란 우리가 하고 싶은 것을 우리 마음대로 하는 것이라고 생각한다면 그것은 자유에 대한 지나치게 추상적인 생각일 뿐이라는 거죠. 우리가 무엇을 하고 싶고 무엇을 할 수 있는지는 사

지그문트 바우만(1925-2017) 폴란드 출신의 영국 사회학자이다. 『자유』, 『리퀴드 러브』, 『유동하는 공포』 등의 저서가 있다. 근대성, 홀로코스트, 포스트모던 소비주의 등에 대한 분석으로 유명하다. 그에 의하면 우리 시대의 자유는 오로지 소비의 자유이며, 소비 사회는 환상의 공동체에 불과하다.

회적으로 정해지는 경우가 많아요.

　바우만은 우리가 현재 살고 있는 사회를 소비자 사회라고 봐요. 사람들이 자유롭게 할 수 있고, 하고자 하는 것은 결국 '소비'라는 것이에요. 사람들은 오늘날 상품을 사는 데서 자유를 느끼고, 자신의 자유를 확인하고 싶어 한다는 거죠. 그것이 왜 자유로느껴지냐면 세상에는 그 상품을 살 수 없는 사람이 있기 때문이에요. 누군가가 할 수 없는 것을 할 수 있다는 데서 소비자는 그것을자유로운 행위라고 여긴다는 거죠. 자유란 추상적인 개념이 아니라 이렇듯 '차이'에서 비롯된 행위라는 거예요.

　이렇게 보면 사람들이 명품을 사려고 하는 것도 이해가 돼요. 사실 명품이라고 팔리는 물건들은 그 가격만큼의 가치가 있지는않아요. 가방을 아무리 잘 만들었다고 한들 가방 하나에 천만 원씩이나 할 이유가 있을까요? 그런 고가의 상품이 팔리는 이유는그것이 그만한 가치가 있어서가 아니라 거꾸로 그것이 비싸기 때문이에요. 너무 비싸서 웬만한 사람들은 살 수 없기 때문에 어떤사람들은 그런 것을 사면서 자신이 남들에 비해 더 자유롭다고 느끼는 거죠. 만약에 명품 가방을 어느 날 갑자기 몇만 원씩 받고 판다면 처음에는 사람들이 사겠지만 나중에는 아무도 사지 않을 거예요.

바우만은 이런 소비자 사회를 일종의 환상 공동체라고 봐요. 소비자는 소비를 하면서 자유를 느끼지만 사실 그 자유는 허상이라는 거죠. 소비자는 자유를 느끼기 위해 계속해서 소비를 할 수 있어야 해요. 소비자의 위치에서 탈락하는 순간 그 사람은 자유롭지 못한 사람이 되기 때문이죠. 소비자 사회는 모든 사람이 소비자로서 자유를 누릴 수 있다고 선전하지만 그 이면에는 소비할 수 없는 상태로 전락한 부자유한 사람들을 감추고 있어요. 소비자의 자유는 그런 사람들이 있기 때문에 느껴지는 '차이'에 불과한 거죠. 그래서 그것은 참된 자유라기보다는 허상에 가까워요.

나도 모르게 어떤 물건을 사야 한다는 욕망이 나를 움직인다고 생각하면 좀 서글프죠. '어머, 이건 꼭 사야 해!'라는 생각이 들어도 일단 멈춰 잠시 생각해 보도록 해요. 아무것도 소비하지 말아야 한다는 말은 아니에요. 사실 꼭 사야 하는 물건도 있으니까요.

공부
안 하면
저렇게
된다고?

44

요즘 그런 부모는 별로 없겠지만, 예전에는 간혹 거리에서 청소하는 환경미화원이나 공사장에서 육체노동을 하는 노동자들을 가리키면서 자기 아이에게 "공부 안 하면 너 나중에 저 아저씨처럼 된다"고 협박하는 부모도 있었어요. 공부 안 하면 남들이 하기 싫어하는 힘든 일을 하면서 경제적으로도 어렵게 살게 된다는 것이겠죠. 정말 공부 안 하면 그 아저씨들처럼 될까요?

　취업이 어려워지면서 공무원이 되고자 하는 사람이 많아졌어요. 공무원 중에는 청소 공무원도 있어요. 공무원이 되면 대부분 정년을 보장받기 때문에 안정된 삶을 살 수가 있지요. 그래서 청소 공무원 시험을 볼 때마다 고학력자들이 많이 응시한다는 기사가 나와요. 대학 졸업자는 물론이고 심지어 대학원을 마치고 석사 학위를 받은 사람도 응시하는 경우가 있다고 해요. 지금 거리에서 청소 일을 하시는 공무원 중에는 아마도 공부를 많이 하신 분도 있을 거예요. 그리고 시험에 떨어진 사람 가운데에는 그보다 더 공부를 많이 하신 분도 있겠지요. 그러니까 공부 안 하면 그분들처럼 된다는 말은 이제 잘못된 말이 되었어요. 공부 많이 하고도 그분들처럼 되지 못할 수도 있게 되었죠.

　'공부 안 하면 나중에 저 아저씨처럼 된다'는 말은 육체노동을 얕보고, 직업에 귀천이 있다고 생각하는 사람이 할 수 있는 말이에요. 그리고 그 사람이 어떤 사람인지 고려하지 않고 단지 그 사람이 하고 있는 일로 그 사람을 판단하는 위험한 말이기도 하지요. 제가 가르치는 서울대 학생도 그런 말을 들은 적이 있다고 해요. 대학생들이 늘 과외 알바만 하지는 않아요. 어떤 학생은 공사 현장에서 일해 보았다고도 하고, 어떤 학생은 고깃집에서 음식 나르는 알바를 해 보았다고도 해요. 그러면서 어떤 학생은 자기를 손가락질하면서 자신의 아이에게 '공부 안 하면 나중에 저 아저씨처럼 된다'고 말하는 부모를 겪어 본 적이 있다고 해요. 사실 그 학생은 공부를 열심히 해서 남들이 명문이라고 말하는 대학을 다니는 학생인데 말이죠.

한때 조물주 위에 건물주라는 농담이 유행한 적이 있어요. 건물을 가지고 있는 사람은 거기서 나오는 임대 소득으로 일하지 않고 먹고살 수 있으니 부러울 것이 없다는 것을 빗댄 농담이지요. 금수저니 흙수저니 하는 단어들도 유행했지요. 부모의 경제력에 따라 인생의 경로가 바뀌게 되는 우울한 사회 현상에서 비롯된 단어들이에요. 한편에서는 공부를 열심히 해도 안정된 일자리를 구하기 어렵게 되고, 부모의 부가 자식에게 이어지면서 일하지 않고도 부유하게 살 수 있는 사람들이 생긴다는 것은 사회가 건강하지 않다는 증거예요.

공산주의 사회를 꿈꾸었던 칼 마르크스는 '노동'을 통해서만 인간이 동물의 단계에서 벗어나 더 인간적인 존재가 될 수 있다고 보았어요. 노동을 통해서 인간들은 자신의 생산적 활동의 결과를 서로 나누고 소통하면서 서로를 위하는 존재가 될 수 있다고 믿었던 거죠. 그렇게 되기 위해서는 노동의 조건이 변해야 하고 그래서 마르크스는 혁명이 필요하다고 주장했어요. 마르크스의 공산주의 혁명은 역사적으로 시도되었지만 그다지 성공적이지 못했지요.

즐거운 노동을 꿈꾼다

그렇지만 노동이 우리가 살아가는 데 있어서 매우 중요한 요소라고 강조한 점은 옳다고 생각해요. 우리는 공부를 많이 해서 대학을 나오거나 하면 대체로 사무직 노동을 하고, 그렇지 않은 경우 현장에서 육체노동을 해요. 노동은 우리가 사회적으로 교류하고 소통하는 방식이에요. 그런데 그런 노동이 우리에게 보람 있게 여겨지지 않고, 단지 고되고 피해야 할 것으로만 여겨진다면 뭔가 문제가 있는 것이겠죠. 마르크스는 노동을 괴로운 것으로 여기게 되는 이유를 노동하는 사람이 그 결과물을 제대로 가져가지도 못하고, 노동을 통해서 무엇이 만들어지고 그것이 사회적으로 어떤 의미가 있는지 전혀 모른 채 노동할 수밖에 없는 사회적인 현실 때문이라고 보았어요.

사람은 혼자서 살 수 없죠. 서로 돕고 살 때 사람답게 산다고 느껴요. 그렇게 서로 돕는 행위가 노동을 통해서 이루어진다면 가장 좋겠지요. 그렇게 되려면 노동을 통해서 사람들이 서로 연결되어야 하고, 의미가 공유되고, 자신의 일이 누군가에게 도움이 되었다는 사실을 확인함으로써 기쁨을 얻을 수 있어야 해요. 그렇지만 노동이 사람들을 경쟁시키고, 고립시키고, 무의미하게 만든다면 사람들은 결코 일을 통해서 행복해지기는 어려울 거예요.

누구나 바라듯이 건물주가 되어 평생 놀고먹는다면 행복할까요? 어느 정도는 행복하겠지요. 그렇지만 그렇게 사는 사람은 곧 지루해질 거예요. 즐거움을 좇다 보면 더 자극적인 즐거움을 찾게 되고, 나중에는 극단적으로 쾌락을 추구하다가 파멸하게 되는 경우가 많아요. 건물주가 되는 것과 노동을 즐겁게 할 수 있는 사회를 만드는 것 중에 어느 것이 더 어려운 것인지는 잘 모르겠어요. 그렇지만 사회를 다 함께 건강하게 바꾸는 일이 올바른 일이라는 건 분명한 것 같아요.

2장

왜 착하게 살아야 할까?

윤리학

8

오늘
거짓말을
몇 번 했니?

우리는 어려서부터 거짓말을 하면 안 된다고 듣고 자랐죠. 정직하게 사는 것이 옳다는 것은 부정할 수 없어요. 그렇지만 세상에는 거짓말을 밥 먹듯이 하면서도 잘사는 사람들이 많아요. 거짓말이 내게 이득이 될 경우도 분명히 있을 텐데 절대로 거짓말을 해서는 안 되는 이유가 뭘까요?

텔레비전 뉴스만 보아도 거짓말로 많은 사람들을 괴롭혔던 사람들이 잘살고 있는 경우를 접하게 돼요. 그런 사람들 중에는 정치인이나 재벌처럼 사회적으로 영향력이 큰 사람들이 흔히 있어요. 그 사람들은 때때로 법적인 처벌을 받기도 하지만 대체로 마치 아무 일 없었던 것처럼 보통 사람들보다 훨씬 잘살고 있죠. 그런 사람들 때문인지 몰라도 간혹 큰돈을 벌 수만 있다면 감옥에 다녀올 수도 있다고 생각하는 청소년들이 많다는 조사가 보도되곤 해요.

사실 살다 보면 거짓말을 하게 되죠. 살면서 거짓말을 한 번도 하지 않았다는 것은 가장 흔한 거짓말일 거예요. 그리고 거짓말에도 여러 종류가 있지요. 예를 들어 안네 프랑크를 숨겨 줬던 집주인의 거짓말은 대표적인 선의의 거짓말이에요. 안네 프랑크는 유태인으로, 나치에 잡혀가지 않기 위해 숨어 살면서 일기를 썼어요. 절박한 상황에서도 십 대 소녀의 심정을 잘 담아낸 그 일기는 많은 사람들에게 감동을 주었지요. 숨겨 준 사람이 나치가 찾아왔을 때 자신의 집에 유태인이 없다고 거짓말을 하지 않았다면 안네 프랑크는 더 빨리 잡혀갔을 것이고 일기도 없었을 거예요.

나는 네가 교실에서 한 일을 알고 있다!?

혹은 체육 시간에 여러분이 잠깐 교실에 들렀는데 우연히 친구가 다른 친구의 가방에서 학원비를 꺼내 가는 것을 목격했다고 해 봐요. 돈을 훔친 학생은 목격자가 있다는 걸 눈치채지 못했어요. 나중에 학원비를 도난당한 학생은 선생님께 사실을 알렸고, 선생님은 돈을 찾을 때까지 학생들을 집에 가지 못하게 했어요. 이런 상황에서 여러분은 친구가 돈을 훔친 사실을 알려야겠죠?

그런데 돈을 훔친 학생이 가정 형편이 너무 어려워서 그 돈이 꼭 필요하다는 것을 여러분이 잘 알고 있고, 돈을 도난당한 학생은 그 돈이 없어도 크게 곤란을 겪지 않을 만큼 부유한 학생이라고 해 봐요. 여러분이 사실을 말하면 돈을 훔친 학생은 아마 처벌을 받게 될 것이고, 학교를 더 이상 다닐 수 없게 될 거예요. 돈을 훔친 학생이 평소에 행실이 바르고 나쁜 짓을 할 학생이 아닌데, 집에서 동생들이 며칠 동안 밥을 굶을 정도로 상황이 너무나도 절박해서 순간적으로 절도를 하게 되었다는 정황을 잘 알고 있다면 여러분은 아마도 사실을 말하는 것을 주저하게 될 거예요.

이런 경우에는 거짓말을 하는 것이 옳은 것일까요? 만약에 상황에 따라서 거짓말을 허용할 수 있다면 많은 사람들이 거짓말을 하면서도 양심의 가책을 느끼지 않게 될 거예요. 어떤 것이 도덕적인 판단일까요? 독일의 철학자 칸트는 매우 엄격해서 어떤 경우에도 거짓말을 해서는 안 된다고 주장했어요. 심지어 나치가 집에 찾아와서 유태인이 있느냐고 물어도 거짓말을 해서는 안 되고, 아무리 어려운 친구가 있어도 그 친구가 나쁜 짓을 한 것에 대해 거짓말을 해서도 안 된다고 생각했어요. 왜냐하면 도덕적인 일을 하는 이유는 그것이 도덕적인 행동이기 때문이라는 이유에서 하는 것이지 그 행동이 가져올 결과를 고려해서 하는 것이 아니라고 생각했기 때문이에요. 좀 야박해 보일 수는 있겠지만 칸트의 입장에서는 어떤 행동의 결과를 고려해서 행동을 하더라도 꼭 예상한 대로 일이 전개되리라는 보장도 없고, 자칫하면 사람들이 서로 거짓말을 하는 상황이 올 수도 있기 때문에 어떤 경우에도 거짓말을 해서는 안 된다고 본 거죠.

나치한테 우리 집에 유태인이 있다고 말해도 매우 가능성이 없는 이야기이긴 하지만, 그 나치가 선한 사람이어서 잡아가지 않

임마누엘 칸트(1724~1804) 근대 인식론을 종합하고 체계화한 독일의 관념론 철학자이다. 『순수 이성 비판』, 『실천 이성 비판』, 『판단력 비판』 등을 통해 대륙의 합리론과 영국의 경험론을 종합했으며, 인식론, 윤리학, 미학 등을 체계화하여 후대에 큰 영향을 주었다.

을 수도 있고, 나치와 말하는 사이에 안네 프랑크가 다른 곳으로 도망을 갈 수도 있는 거죠. 친구가 돈을 훔친 사실을 말했는데 돈을 가지고 있었던 친구뿐 아니라 선생님과 반 친구들이 그 기회에 친구의 딱한 사정을 이해하게 되고 모두가 그 친구를 돕게 되는 상황이 벌어질 수도 있겠지요. 칸트는 도덕적인 행동은 오로지 선하게 살고자 하는 의지에 따라서 하는 의무적인 행동이라고 주장했어요.

반면 밀이나 벤담 같은 공리주의자들은 칸트와는 달리 행동의 결과를 고려해서 판단해야 한다고 주장했어요. 우리가 어떤 행동을 하게 되면 그 행동의 결과, 누군가는 행복해지고 누군가는 고통을 받을 텐데, 전체적으로 보아서 더 많은 사람이 더 행복해지는 쪽으로 행동하는 것이 옳다는 거죠. 안네 프랑크를 잡아가면 여러 사람들이 슬퍼할 테고 행복해지는 사람은 별로 없을 거예요. 형편이 어려운 친구의 도둑질을 일러바치면 그 친구와 그 친구의 가족들은 곤경에 처할 것이고, 돈을 되찾은 학생은 행복해지겠지만, 만약 그 돈이 원래 주인에게 크게 의미가 있는 액수가 아니라면, 모른 체하는 것이 더 많은 사람들을 행복하게 할 수도 있을 거예요.

공리주의자들이 그렇다고 해서 거짓말을 하라고 하는 것은 아니에요. 공리주의자의 입장에서도 친구의 도둑질을 솔직하게 말하는 것이 더 나은 결과를 가져올 수 있는 가능성이 있어요. 그리고 공리주의자들은 우리가 관습적으로 옳다고 판단하는 것을 따르는 것이 좋은 결과를 가져올 확률이 높다고 생각해요. 사회적인 관습이나 통념은 이미 여러 결과를 보고 만들어진 것일 테니까요. 다만 공리주의자들은 칸트가 생각하듯이 우리 마음속에 공통적인 도덕성 같은 것이 있다고 보지 않을 뿐이에요.

여러분은 오늘 거짓말을 몇 번이나 했나요? 한 번도 안 했다고요? 그럼 다행이네요. 혹시 거짓말을 했더라도 아마 모두에게 좋은 결과를 예상했기 때문이겠지요? 아주 심각한 거짓말이 아니라면 그렇게 생각하는 게 정신 건강에 좋겠지요.

9

힘쓰는 일은 힘센 친구가 하면 안 되나?

만약에 여러분의 교실에서 몇몇 학생이 다른 학생들보다 조금 더 일을 해서 다른 학생들이 훨씬 편하게 지낼 수 있다면 그렇게 하는 것이 옳을까요? 한 학생이 키도 크고 힘도 세서, 무거운 것을 들거나 물건을 옮기거나 하는 일을 도맡아 하면 다른 학생들은 아마 힘든 일을 하지 않아도 돼서 편하게 생활할 수 있을 거예요. 그렇지만 그 학생은 그 대신 늘 힘든 일을 해야 하겠죠. 여러분이 그 학생이라면 기꺼이 힘든 일을 할 건가요?

저는 초등학교 시절에 우리 반 학생들이 먹을 우유를 한 학기 동안 혼자서 날랐던 적이 있어요. 당시에는 돈을 내고 신청한 학생들이 점심시간에 우유를 먹었는데, 반마다 학생들이 우유를 받으러 1층까지 내려가서 교실로 가지고 와야 했어요. 우리 교실은 4층이라서 우유를 몇십 개씩 나르는 일은 쉽지 않았죠. 당시에는 그저 내가 키가 좀 크니까 선생님이 나를 시키셨나 보다 하고 생각했어요. 게다가 선생님이 시키신 일을 못하겠다고 말하는 것은 상상도 못할 일이었죠. 그렇지만 지금 와서 생각해 보면 그 힘든 일을 왜 유독 내게만 시키셨던 걸까 하는 의문이 들어요.

어떤 학생이 아무리 힘이 세더라도 그 학생에게 힘든 일을 도맡도록 시키는 것은 그다지 공정하다고 생각되지 않아요. 그렇지만 우리는 자기도 모르는 사이에 이미 그런 식의 규칙에 익숙해져 있는지도 몰라요. 집안일을 할 때 식구들이 일을 나누어서 하지 않고 어머니 혼자서 도맡아 하는 집이 많을 거예요. 나름대로 그렇게 하는 이유도 있겠지요. 아버지는 회사에서 너무 늦게 오거나 일이 너무 많아서 집안일을 할 여력이 없을 수가 있어요. 자녀들은 학교와 학원에 다녀와서 또 과제를 해야 하기 때문에 시간이 없지요. 어머니가 직장을 다니는 경우에도 집안일은 어머니의 몫인 경우가 많아요. 옛날에 남자가 밖에 나가 경제 활동을 하고 여자는 집에서 살림을 했던 시대의 관습이 이어지는 거죠.

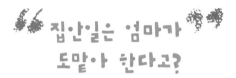

집안일은 엄마가 도맡아 한다고?

사회적인 차원에서도 그 비슷한 관행이 있어요. 힘든 일을 하는 육체노동자들의 임금은 대체로 낮아요. 보통 생산직 근로자라고 불리는 사람들의 임금이 높아지면 어떤 정치인들이나 언론은 국가 경쟁력이 약화된다고 걱정을 하죠. 비정규직 노동자들이 정규직으로 전환해 달라고 하면 노동의 유연성이 줄어들어 마찬가지로 국가 경쟁력이 떨어진다고 걱정을 해요. 노동의 유연성이란 기업이 필요할 때 인원을 줄이거나 늘릴 수 있는 가능성을 말해요. 이런 생각들은 우리 사회에서 누군가가 힘든 일을 도맡아 하면서 희생을 하면 모두가 잘살 수 있다는 식의 생각이에요. 과거에 있었던 우리나라의 눈부신 경제 성장은 사실 제조업 분야에서 힘든 일을 도맡아 했던 노동자들의 희생 때문이라고 할 수 있지요.

존 롤스라는 미국의 철학자는 이런 생각이 공리주의에 바탕을 두고 있고, 공정하지 못하다고 비판했어요. 공리주의란 '최대 다수의 최대 행복'을 원리로 삼아 행동의 옳고 그름을 판단할 수 있다는 입장인데, 몇몇 사람의 희생으로 많은 사람들이 행복해질 수 있다면 그것은 좋은 일이라고 보는 입장이라는 거죠. 그렇지만 누군가의 희생으로 잘사는 공동체가 있다면 그 공동체를 진정으로 행복한 공동체라고 할 수가 있을까요? 아무리 많은 사람들이 경제적으로 풍요로워지고, 삶의 질이 나아진다고 해도 그것이 누군가의 희생에 바탕을 둔 것이라면 도덕적인 공동체라고 할 수는 없을 거예요. 롤스는 정의로운 사회에서는 사람들이 그런 상황을 받아들이지 않을 거라고 주장했어요.

롤스가 말하는 정의로운 사회는 공정한 사회를 뜻해요. 공정하다는 것은 그 누구도 자신의 의사에 반해서 희생을 강요당하지 않는 제도와 법을 만드는 것과 관련이 있어요. 롤스는 공정한 제도와 법을 만들기 위해서는 모든 사람이 자신의 처지에 따라서 유리한 제도나 법을 만들지 않는 상황을 만들어야 한다고 생각했어

존 롤스(1921-2002) 하버드 대학 철학과 교수를 지내며 『정의론』, 『정치적 자유주의』 등의 책을 통해 영미 정치 철학 분야에서 자유주의 논쟁을 주도했다. 공정으로서의 정의라는 개념을 내세웠으며 경쟁의 원리를 인정하면서도 가장 불리한 처지에 있는 사람에게 가장 큰 혜택이 돌아가도록 하자는 재분배론을 펼쳤다.

요. 그것이 바로 '무지의 베일'을 쓴 사람들이 모여서 합의하는 '원초적 상황'이라는 것인데, 이것은 현실적으로는 만들 수 없는 가상의 상황이에요. '무지의 베일'이란 제도나 법을 만들기 위한 원칙에 합의할 사람이 자신이 사회적으로 처한 위치가 어떤 것인지 모르게 하는 것을 말해요. 이런 상황에 처하게 되면 그 사람은 '무지의 베일'이 걷히고 난 상태에서 자신이 힘든 일을 도맡아 할 당사자가 될 가능성이 있다는 것을 고려하기 때문에 절대로 위에서 말한 공리주의적인 관점을 택하지는 않을 거라는 거죠.

공리주의가 저런 관점인가 하는 것은 좀 논쟁의 여지가 있지만, 더 많은 사람들의 행복을 위해서 누군가 힘든 일을 도맡아야 한다는 것은 확실히 문제가 있다고 생각해요. 여기에 동의한다면 여러분은 집안일을 열심히 해서라도 어머니 혼자서 도맡아 하는 상황을 바꿔야겠지요?

10

왕따를 당하는 고통을 알고 있니?

도덕적으로 옳은 것과 그렇지 않은 것은 정해져 있는 것일까요? 아니면 시대에 따라서 달라지는 것일까요? 선한 사람과 악한 사람은 정해져 있는 것일까요? 선한 사람은 늘 선하고 악한 사람은 늘 악할까요? 만약 그렇지 않다면 도덕적으로 행동한다는 것은 무엇을 의미하는 걸까요?

　흥부와 놀부에 관한 이야기를 보면 선과 악이 분명하게 나뉘죠. 착한 흥부와 못된 놀부가 나와서 흥부는 착하기 때문에 보상을 받고 놀부는 악하기 때문에 벌을 받아요. 세상 사람들이 이렇게 분명하게 선한 사람들과 악한 사람들로 나뉜다면 우리가 누구의 편을 들어야 하는지 판단하기가 쉬울 거예요. 그렇지만 세상은 그렇게 단순하지가 않지요.

　세상이 복잡해지고 삶의 방식이 다양해짐에 따라서 도덕적으로 옳은 것과 그렇지 않은 것을 나누기도 쉽지 않아요. 흥부는 자식이 많았어요. 농사를 지어야 했던 옛날에는 자식들이 농사일을 도울 수 있었으니 자식을 많이 낳는 것이 좋은 일이었을지 몰라도 요즘에는 누가 별 대책 없이 자식을 열 명씩 낳는다면 무책임하다는 말을 들을 수도 있어요. 그렇지만 다른 한편으로 또 요즘같이 아이를 낳지 않는 시대에 흥부같이 많은 자식을 낳는다면 국가 경제를 위해 좋은 일을 했다고 칭찬을 받을 수도 있을 거예요. 흥부를 좋게 보아야 할지 말지 혼란스럽죠. 분명한 건 흥부가 다리가 부러진 제비를 치료해 주었고, 그것은 분명히 좋은 일이라는 거죠.

　그것이 좋은 일이라는 것은 어떤 근거로 말할 수 있는 것일까요? 칸트가 말했듯이 선한 의지에 따라서 우리가 마땅히 해야 할 일을 한 것이기 때문에 도덕적으로 옳은 일을 했다고 할 수 있을까요? 아니면 공리주의자들처럼 제비를 치료함으로써 제비의 고통을 없애고 제비를 행복하게 만들었기 때문에 도덕적으로 옳은 일을 했다고 해야 할까요? 우리가 하는 행동에 대해서 그런 식으로 근거를 말할 수 있다면 좋겠지만, 그 모든 근거들은 비판받을 수 있을 거예요.

　타자의 생명을 존중해야 하는 것이 우리의 의무라면 우리가 살기 위해 다른 생명체들을 먹는 것이 정당화되기 힘들 거예요. 생명 존중을 인간에게 국한한다면 인간 중심주의라는 비판을 받게 될 거예요. 그리고 공리주의적으로 제비를 구함으로써 행복이 증가했다고 주장하려면 마땅한 근거를 제시해야 하는데 제비가 잡아먹을 벌레들의 고통을 생각하면 전체적으로 행복이 증가했다고 말할 수 있는지도 애매해요.

　미국의 철학자 리처드 로티는 어떤 행동이 도덕적인지 아닌지를 판가름할 기준으로서 그 행동이 잔인성과 고통의 감소를 가져왔는지를 보자고 제안했어요. 이것은 공리주의자들의 입장과 비슷해 보이지만 어떤 원리를 제안하는 데 강조점이 있다기보다는 우리가 생각하는 도덕적인 올바름의 기준이 바뀔 수 있고, 앞으로 계속해서 바뀌어야 한다는 것을 강조한다는 점에서 조금 차이가 있어요. 예를 들어 왕따를 만드는 행위를 해서는 안 되는 이유가 뭘까요? 그것은 왕따를 당하는 사람의 고통을 우리가 잘 알고 있고, 그 고통을 방치하는 것이 잔인한 일이기 때문이에요. 왕따를 당하는 사람이 주위에 있는데 그것을 고치려고 하지 않고 그 사람은 왕따를 당할 만한 사람이기 때문에 왕따를 당하는 것이라고 생각한다면 나도 그런 잔인한 일에 동참하고 있는 것이나 마찬가지가 돼요. 이것은 다른 사람이 당하는 고통에 대해서 내가 알 바 아니라고 무책임하게 외면하는 거죠.

66 왕따는
잔인한 일이야 99

세상이 복잡하고 다양해진다는 것은 사람들이 겪는 고통이 그만큼 복잡하고 다양해진다는 것을 뜻하기도 해요. 예전에는 사람들이 당연하게 생각했기 때문에 아무도 그로 인해 고통당하지 않는다고 생각했던 사람들의 관행이 사실은 매우 잘못된 것으로 밝혀지는 경우도 있어요. 노예제 같은 것이 대표적인 예죠. 노예제가 있었던 시대의 사람들은 어떤 사람을 노예 취급하는 것이 도덕적으로 잘못된 것이라고 생각하지 않았어요. 그렇지만 오늘날 누군가 사람을 노예로 부린다면 그것은 큰 사회적인 문제가 될 거예요. 이렇게 세상이 바뀐 것은 그만큼 사람들이 다른 사람이 당하는 고통의 문제에 공감하고 잔인한 행위를 하지 말아야겠다는 생가을 하게 되었기 때문이에요. 우리 사회가 더 도덕적인 사회가 되려면 우리가 미처 생각하지 못한 곳에서 여전히 고통을 당하는 사람들이 있을 수도 있다는 생각을 할 필요가 있어요.

먼 훗날 우리 자손들은 우리가 매우 힘든 세상을 살았다고 불쌍하게 생각할 수도 있을 거예요. 우리가 노예제 사회를 살았던 노예들을 생각하듯이 말이죠. 어린 학생들이 잠을 줄여 가면서 공부를 열심히 해야 하고, 많은 사람들이 밤늦게까지 일을 해야 하고, 여성들이 직장이나 가정에서 차별을 당하는 모든 것이 잔인하게 보일 수도 있을 거예요. 실제로 그렇게 보이는 세상이 온다면 아마도 도덕적인 진보가 이루어졌다고 할 수 있을 거예요.

11

굳이 개를 먹어야 할까?

여러분은 보신탕을 먹어 본 적이 있나요? 인간과 친한 동물인 개를 잡아먹는 것은 혐오감을 불러일으킬 수 있죠. 그렇지만 우리나라에서는 공공연하게 보신탕을 먹는 문화가 아직 사라지지 않고 있어요. 개를 먹는 것은 서양인들이 비난하듯이 야만적인 것일까요? 서양인들이 한국인들을 야만인이라고 비난하는 것은 정당한 것일까요?

사실 다른 문화에 속한 사람들의 관행이나 관습을 이해하거나 받아들이기는 쉽지 않아요. 사람들이 옳다고 여기는 사회적인 관행들은 오랜 시간 동안 시행착오를 겪으면서 만들어진 것이기 때문에, 그 과정에 참여하지 않았던 사람들로서는 이해하기 어려운 경우가 많아요. 그래서 늘 같은 문화 안에서도 세대 차이 같은 것이 생겨나겠지요. 젊은 사람들이 볼 때 나이 많은 사람들이 당연하게 생각하는 것들이 매우 낯설고 이해할 수 없는 것으로 보일 수도 있어요.

다른 문화라면 더욱 그렇겠지요. 이슬람 문화에 대해서도 말이 많죠. 집안에 성적인 문제를 일으킨 여성을 오빠나 삼촌이 나서서 처형을 하는 '명예 살인'이 그 극단적인 사례예요. 이슬람 여성들이 신체를 가리고 집을 나서야 한다거나 사회적 활동에 제약을 받고 있는 것도 다른 문화권의 사람들이 이해하기 쉽지 않죠.

우리가 이해할 수 없는 문화적 관습을 나쁜 것이라고 비판하려면 우리의 관점은 옳고 우리와 생각이 다른 문화에 속한 사람들의 관점은 잘못된 것이라고 말할 수 있는 중립적인 근거가 필요해요. 서양의 근대화가 진행되면서 등장한 계몽주의적인 관점은 그런 근거를 제공하는 것으로 여겨졌어요. 예컨대 인류의 문화는 야만적인 상태에서 시작해서 문명의 단계로 진보해 나아간다는 것이죠. 인류의 문화를 이렇게 진보시키는 힘은 인간이 가진 이성에서 비롯된다고 보았어요. 이성은 모든 사람이 타고나지만 그것을 계발하지 않으면 야만의 단계에서 벗어나지 못한다는 거죠. 그래서 여전히 잔인한 풍속을 유지하는 문화는 야만적인 문화고 문명적인 사회일수록 그런 잔인한 풍속을 없애 나간다는 거죠.

그러나 이런 관점은 서양의 시각으로 다른 문화의 옳고 그름을 판단한다는 비판을 받았어요. 문화의 전개 과정을 그렇게 야만에서 문명으로 나아가는 단순한 발전 과정으로 보는 것은 일종의 '문화 제국주의'적인 관점이라는 거죠. 이런 관점에 반대해서 각각의 문화는 모두 나름의 가치가 있다고 보는 입장을 '문화 상대주의'라고 불러요. 그런데 이런 문화 상대주의적인 관점 역시 명백하게 잔인하다고 말할 수 있는 관습이나 관행을 비판할 수 없게 만든다는 점에서 비판을 받아요.

그렇다면 올바르다고 생각되지 않는 문화적 관행이나 관습을 비판하려면 어떤 관점을 택해야 할까요? 한 가지 방법으로는 모든 사람이 받아들일 만한 기준을 마련해서 문화적 관행이나 관습을 판단해 보는 것이에요. 피터 싱어라는 윤리학자는 『동물

해방』이라는 책을 썼는데, 거기서 그는 윤리적인 행위의 기준으로 '고통'에 주목했어요. 다른 존재를 고통스럽게 하는 것은 모두 윤리적으로 옳지 않은 행위라는 거죠.

동물들도 고통을 느껴

신경을 가지고 있는 동물들은 모두 고통을 느껴요. 그래서 피터 싱어는 동물 실험뿐 아니라 육식마저도 윤리적이지 않다는 극단적인 주장을 했어요. 인간이 단지 맛있는 음식을 즐기기 위해 많은 곡물을 사료로 사용하여 소나 돼지를 기르고 그 고기를 먹는 것은 지구의 환경 전체를 위해서도 윤리적이지 않은 행위라는 것이지요. 피터 싱어의 주장은 설득력이 있지만 모든 사람이 갑자기 채식주의자가 될 수는 없다는 점에서 현실적인 대안으로는 여겨지지 않아요. 우리가 가진 문화적 관행의 옳고 그름을 판단할 기준을 마련하고 대안을 찾는 것은 이렇듯 어려운 일이지요.

개를 잡아먹는 일이 옳은 것인지 잘못된 것인지를 중립적인 근거에서 판단하는 것도 쉽지 않은 문제지요. 만약 그것이 옳은 일이라고 한다면 다른 음식을 먹어도 되는데 굳이 인간과 가까운 동물을 잡아먹어야 할 이유가 무엇인지 대답해야 할 것이고, 그른 일이라고 한다면, 돼지나 소를 잡아먹는 행위의 잔인성에 대한 변명이 필요할 거예요.

그렇지만 꼭 철학적인 근거를 마련해야만 우리가 실천에 나설 수 있는 것은 아니에요. 우리가 철저한 채식주의자가 될 수는 없겠지만 가급적 육식을 줄임으로써 불필요하게 죽어 가는 동물의 수를 줄일 수 있을 것이고, 개를 먹는 것이 철학적으로 옳은지 그른지 판단하기 어려워도 먹지 않음으로써 불쌍하게 죽는 개의 수를 줄일 수 있을 거예요. 먼저 상황을 개선하고 나서 철학은 천천히 해도 돼요. 동물들의 행복한 삶을 위해서라면 철학은 별로 중요하지 않을 수도 있어요.

3장

철학이란
무엇일까?

12

배부른
돼지보다
배고픈
소크라테스가
나을까?

여러분에게 만약 돼지처럼 아무 고민 없이 배부르게 먹고 자고 놀 수 있는 삶과 소크라테스처럼 무엇이 좋은 삶인지 끊임없이 묻고 답을 찾아 고민하는 삶 중에 한 가지 삶의 방식을 택하라고 하면 어떤 쪽을 택할 건가요? 돼지처럼 사는 게 행복할 것 같긴 한데 뭔가 그렇게 살겠다고 말하면 안 될 것 같은 생각이 들어서 선택하기가 쉽지 않죠?

이 물음은 물질적인 행복을 추구하기보다 정신적으로 성숙한 인간이 되는 것이 낫다는 생각을 전제하고 있어요. 누가 큰돈을 줄 테니 공부 따윈 하지 말고 편하게 놀고먹으면서 지내라고 하면 저라도 당장 그렇게 하겠다고 할 것 같아요. 아마 대부분의 사람들은 돈만 충분하면 우리의 삶이 풍족해질 거라고 생각하고 오로지 돈을 많이 벌기 위해 살아가요.

그렇지만 사람들 중에는 돈을 많이 벌겠다는 것 말고 다른 목표를 가지고 살아가는 사람들도 많이 있어요. 그리고 아무리 돈이 많은 사람이라도 소크라테스처럼 삶에 대해 고민하는 사람도 있을 수 있어요. 서머싯 몸이 쓴 소설 『달과 6펜스』의 주인공은 평범한 은행원이었는데 어느 날 갑자기 직장과 처자식을 버리고 그림 그리기에만 몰두해요. 이 주인공한테 중요한 것은 오로지 자기 자신이 만족할 수 있는 그림을 완성시키는 것이었어요. 그래서 이 주인공은 다른 사람들이 자신을 어떻게 생각하는지, 자기의 그림을 어떻게 평가하는지에 대해서 아무런 관심이 없어요. 이런 주인공의 태도 때문에 소설 속에서 어떤 사람은 마음에 큰 상처를 입기도 하고 자살을 하기도 해요. 작가는 고갱이라는 유명한 화가의 삶을 소재로 이 소설을 썼다고 해요.

『달과 6펜스』의 주인공과 같은 삶은 어딘가 멋있지만 모두가 본받을 만하다고 할 수는 없어요. 그 주인공은 배부르게 먹고살 수 있는 길을 버리고 스스로 고난의 길을 선택했어요. 그야말로 배부른 돼지로 살기보다는 배고픈 소크라테스의 길을 택한 것이지요. 그 주인공은 자신의 삶에서 무엇이 가장 중요한 것인지 고민한 결과 그림을 그리는 데서 해답을 찾았어요. 아마 예술을 하거나 철학을 하는 사람들은 비슷한 생각을 가지고 있을 거예요. 그러나 그 소설의 주인공과 같이 극단적인 방식으로 세상을 등지고 사는 사람은 많지 않을 거예요. 소설이 그렇게 극단적인 주인공을 보여 주는 이유는 독자에게 말하고자 하는 주제를 분명하게 전달하기 위해서예요.

사람들은 타고난 성향이나 기질, 능력, 취미 등등이 모두 달라요. 어떤 사람에게는 중요한 것이 다른 사람에게는 중요하지 않을 수도 있어요. 그래서 어떤 삶이 의미 있는 삶인지에 대해서도 생각이 다 다를 수 있어요. 어떤 사람에게는 돈을 많이 벌어서 좋은 집과 자동차를 사고, 해외여행을 다니는 것이 의미 있는 삶일 수 있어요. 그렇지만 어떤 사람에게는 그림을 완성하거나, 시를 쓰거나, 철학 공부를 하는 것이 중요할 수도 있어요.

사는 데 제일 중요한 것은?

배부른 돼지보다 배고픈 소크라테스가 낫다는 말은 무조건 물질적인 행복을 멀리하고 정신적인 만족을 얻으려 노력하라는 말이라기보다 자기의 삶에서 무엇이 가장 중요한 것인지 한번쯤 생각해 보라는 말로 이해하는 것이 좋겠어요. 물질적인 것을 우습게 알고 정신적인 것만이 최고라고 하는 것도 좋은 태도는 아니에요. 그런 생각은 육체노동을 노예들이 담당하고 귀족들은 오로지 정신적인 활동만 했던 노예제 사회에나 어울릴 낡은 생각이에요. 건강한 삶을 위해서는 일을 해서 먹고살 방편을 마련하는 것도 중요해요. 물론 먹고사는 문제를 너무 중요하게 생각한 나머지 물질적인 욕망을 채우는 데 모든 관심을 쏟는다면 그것도 좋은 태도는 아니겠죠. 그래서 균형이 필요해요. 먹고 싶은 것도 먹고, 하고 싶은 것도 하면서 우리가 사는 데 뭐가 제일 중요한 것인지 생각해 볼 수 있다면 그게 가장 좋겠지요.

13

철학을 전공하면 점쟁이가 되는 건가?

요즘은 별로 그런 사람들이 없지만 옛날에는 철학을 전공한다고 하면 손금을 좀 봐 달라는 사람들이 더러 있었어요. 철학자는 세상의 이치를 공부하는 사람이니까 내게 앞으로 무슨 일이 일어날지 알 거라고 생각했던 거죠. 실제로 길거리를 다니다 보면 '철학관'이란 간판을 볼 수 있어요. '철학관'은 점쟁이들이 돈을 받고 점을 봐 주는 곳이죠. 아마 여러분이 나중에 대학에 가서 철학을 전공하겠다고 하면 부모님들은 여러분이 나중에 '철학관'을 하겠다는 걸로 생각하고 말릴 거예요. 철학을 공부하면 철학관을 운영하는 점쟁이가 될 수 있을까요?

철학을 공부한 제가 만약에 앞으로 무슨 일이 일어날지를 알수 있고, 남의 손금을 보고 그 사람이 앞으로 어떤 일을 겪을지 알수 있다면 얼마나 좋을까요? 만약 그럴 수 있다면 저는 아마 돈을 많이 벌 수 있을 거예요. 앞일을 미리 알 수 있다면 이번 주 로또의 당첨 번호를 알 수 있을 테고, 손쉽게 부자가 될 테니까요. 아니면 어떤 주식이 오를지 알 수 있을 테고, 주식을 해서 큰돈을 벌 수도 있을 거예요. 그렇지만 아쉽게도 평생 철학책을 읽었지만 그런 재주는 없어요.

여러분은 아마도 조앤 롤링의 소설 '해리 포터' 시리즈를 읽어 봤겠지요? 책을 읽지 않았더라도 영화를 통해 해리 포터의 모험담을 잘 알고 있을 거예요. 해리 포터 시리즈의 1편 제목은 『해리 포터와 마법사의 돌』이에요. 그런데 여기서 '마법사의 돌'의 원래 단어는 'philosopher's stone'이에요. 직역을 하면 '철학자의 돌'이지요. 그렇지만 보통은 '현자의 돌' 정도로 번역하고 있어요. 국내 출판사가 '현자의 돌'이라고 하면 너무 어렵게 들릴까 봐 '마법사의 돌'이라고 번역한 것 같아요.

'현자'란 현명한 사람을 뜻하는 한자 단어죠. 아리스토텔레스는 철학자(philosopher)를 지혜를 사랑하는 사람이라고 정의했어요. philos라는 희랍어 단어는 사랑한다는 뜻이고, sophia는 지혜를 뜻해요. 그래서 철학자는 지혜를 사랑하는 사람, 즉 현자라고 할 수 있어요. '철학자의 돌' 혹은 '현자의 돌'은 서양에서 옛날부터 전해져 내려온 단어예요. 그 돌을 가지고 있으면 어떤 금속이든 금으로 만들 수 있다고 해요. '철학자의 돌'만 있으면 우리는 큰 부자가 되겠지요. 이런 신비스런 물건에 '철학자'라는 단어를 사용한 것을 보면 서양 사람들도 철학은 뭔가 신통한 능력과 연관이 있다고 생각한 것인지도 모르겠어요.

그럼 처음의 질문으로 돌아가 볼까요? 철학을 공부하면 미래를 예측하거나 사람의 운명을 알 수 있는 뭔가 신비한 능력을 갖게 되어 '철학관' 같은 것을 차릴 수 있을까요? 일단 대답은 '그렇지 않다'예요. 일차적으로는 현실적인 장벽이 있어요. '철학관'을 운영하는 사람들은 나름대로 자격 요건을 갖춘 사람들에게 자격증을 부여하고 그 자격증을 갖춘 사람만 '철학관'을 할 수 있게 하는 것으로 알고 있어요. 철학을 전공했다고 해서 그런 자격증을

딸 수 있는 것은 아니기 때문에 하고 싶어도 하기 힘들어요. 아마 따로 공부를 해야겠죠? 점을 봐 주는 사람들이 '철학관'이라는 간판을 다는 이유는 동양 철학의 고전 가운데 『주역』이 인생의 길흉화복에 대해 알려 주는 책이라고 여겨서일 거예요. 『주역』을 공부하면 점쟁이들이 봐 주는 '사주' 같은 것을 볼 수 있다고 해요. 그렇지만 동양 철학을 공부하는 사람들은 그 책을 통해서 옛날 사람들의 세계관이나 인간관 같은 것을 탐구하지 사주를 볼 목적으로 공부하지는 않는 것 같아요.

불확실한 미래가 두려워

철학자들은 미래를 예측하거나, 운명에 대해 예언하거나, 금과 같이 비싼 것을 만들어 내는 능력은 없을지라도 일반적인 사람들이 보기에 신기한 일을 하기는 하는 것 같아요. 아리스토텔레스가 철학자를 지혜를 사랑하는 사람이라고 말했을 때 그 지혜란 세상 사람들이 쉽게 손에 넣을 수 없는 것이에요. 우리가 사는 이 세상, 우주, 자연, 세계는 도대체 어떤 식으로 존재하며 어떻게 돌아가는 것인지, 인간이라는 존재는 그 거대한 우주 속에서 무엇 때문에, 무엇을 위해서, 왜 존재하는지, 그래서 어떻게 사는 것이 옳은 것인지에 대해 철학자들은 물어요.

세상 사람들이 '철학관'에 다니는 이유는 세상에 불확실한 일이 너무 많아서예요. 내가 나중에 결혼을 할 수 있을지, 취직을 할 수 있을지, 부자로 살 수 있을지, 사고를 당하게 되지는 않을지, 세상에는 불확실한 일이 너무 많지요. 철학자들은 그런 불확실성을 없애 주지는 않겠지만, 우리가 나중에 있을 일들 때문에 불안해할 때 어떤 태도를 취해야 할지 생각거리를 던져 줘요. 그렇지만 철학자들도 우리랑 똑같이 불안한 삶을 살았을 거예요. 그러니 너무 확실한 대답을 요구하지는 말기로 해요.

살아가는 데 철학이 필요할까?

철학은 흔히 배부른 학문이라고 해요. 플라톤의 제자인 아리스토텔레스도 철학은 여유 있는 사람들이 할 수 있는 학문이라고 했어요. 먹고살 걱정이 앞서는 사람에게 철학은 어울리지 않는다는 거죠. 철학은 실용적인 학문이 아니라서 철학을 공부해서 돈을 벌 수는 없어요. 그런데 희한하게도 이렇게 현실적으로 쓸모없는 학문이 수천 년 동안 사라지지 않고 지속되고 있어요. 도대체 왜 사람들은 철학이라는 걸 계속해서 하고 있는 걸까요? 철학은 우리가 살아가는 데 어떤 도움이 되기나 하는 걸까요?

철학사에 등장하는 위대한 철학자들, 예를 들면 독일의 철학자 헤겔도 처음에 철학자의 길에 들어서기까지는 어려움이 많았어요. 부모님은 헤겔이 법학을 전공해서 판검사가 되기를 원했기 때문이죠. 그런 점은 세계 어디서나 마찬가지인가 봐요. 여러분이 나중에 대학에 갈 때 철학과에 가겠다고 하면 부모님들이 "철학을 하면 돈이 나오냐, 떡이 나오냐?"라고 하시면서 적극 말릴 거예요. 맞는 말씀이에요. 철학을 하면 돈도 안 나오고 떡도 안 나오죠. 잘 먹고 잘살려면 취직이 잘 되는 전공을 택하거나, 일찌감치 기술을 익혀서 전문가가 되는 것이 좋아요. 상황이 이런데도 철학을 하겠다는 사람들이 완전히 없어지지 않는 것을 보면 먹고살 걱정이 없는 여유 있는 부자들이 많거나, 배가 고파도 꼭 철학 공부를 직업으로 삼아야 하는 사람들이 있다고 볼 수밖에 없어요.

철학자가 하는 일이 돈 버는 일과 거리가 멀었던 건 옛날이나 지금이나 비슷한 것 같아요. 철학사에서 최초의 철학자로 꼽는 탈레스라는 철학자는 별에 관심이 많아서 늘 하늘을 보고 다니다가 웅덩이에 빠지곤 했는데, 사람들이 자기 발 앞에 무엇이 있는지도 모르면서 하늘의 일을 알려고 한다고 비웃었어요. 그렇지만 탈레스는 일식을 예측하기도 했고, 올리브가 풍년이 들었을 때 사 놓았다가 흉년이 들었을 때 비싸게 팔아서 자신이 돈벌이에 능력이 없는 것이 아니라는 것을 보여 주었어요.

탈레스를 최초의 철학자라고 부르는 이유는 우주가 물로 이루어져 있다고 주장했기 때문이에요. 지금 생각하면 어이가 없죠. 모든 것이 물로 이루어져 있다니 이 사람은 도대체 눈도 없나 하는 생각이 들 거예요. 그렇지만 탈레스가 만물이 물로 이루어져 있다고 말할 때 생각한 것은 우주를 이루는 어떤 원리에 대한 것이에요. 물은 온도에 따라 고체가 되기도 하고 액체가 되기도 하고 기체가 되기도 하니까 물이 아마도 모든 것들을 이루고 있는 근본적인 물질일 것이라고 생각한 것이죠. 우리는 탈레스보다 과학적인 지식을 풍부하게 가지고 있기 때문에 탈레스의 설명이 좀 어이없게 들리는 것은 당연해요. 그렇지만 우리가 지금 생각하고 있는 자연이나 우주의 모습에 대해 몇 천 년 후의 우리 자손들은 마찬가지로 우습게 생각할지도 몰라요.

탈레스의 대답은 잘못된 것이었기 때문에 아무런 의미가 없는 것일까요? 탈레스의 대답이 얼마나 그럴듯하냐 하는 것과 별

개로 탈레스가 우주가 무엇으로 되어 있는지 질문을 던지고 거기에 나름대로 대답을 했다는 것을 중요하게 생각해야 해요. 지금도 밥벌이에 바쁜 사람들은 자기가 사는 세상에 대해, 그리고 자기 자신에 대해 아무런 질문을 던지지 않아요. 이 세상은 도대체 왜 이렇게 이해가 안 가는 일들로 가득 차 있는지 물어보는 것이 당연한데도 사람들은 원래 세상이 그렇다고 생각하고 그저 세상의 질서에 맞추어 살 생각만 해요.

먹는 것만 해결되면 그만이야?

세상이 왜 이렇게 돌아가는지 묻는 사람이 없다면 세상은 나아지지 않을 것이고, 나 자신이 어떤 사람인지 스스로 묻지 않는다면 나의 삶도 더 의미 있게 되거나 더 나아지지 않을 거예요. 철학은 먹고사는 데 필요한 학문은 분명히 아니에요. 그렇지만 먹는 게 해결된다고 해서 사는 데 필요한 것이 다 갖추어졌다고 할 수는 없어요. 세상이 왜 이렇게 돌아가는지, 나는 왜 이렇게 살고 있는지 묻는 일에 답할 때, 먹는 일의 의미에 대해서도 답할 수 있을 거예요.

철학자들은 늘 자기만이 옳다고 주장해요. 그런데 시간이 지나면 다 틀린 것으로 드러나거나 시시한 이야기로 여겨지는 경우가 많아요. 그래도 그런 이야기들은 중요해요. 사람이 먹고사는 일에만 관심을 갖는다면 동물과 크게 다르지 않을 거예요. 여러분이 각자 이 세상과 자신에 대해 나름의 이야기를 만들어 낼 수 있다면 여러분의 삶은 훨씬 더 풍요로워질 거예요.

15

철학은 어떻게 하는 건가 ?

철학적인 생각을 해서 우리가 살아가는 데 의미를 찾고 우리 삶을 풍부하게 할 수 있다면 우리는 군이 철학을 외면할 필요는 없을 것 같아요. 그런데 막상 철학을 하려고 결심해도 당장 무엇을 어떻게 해야 할지 막연하죠. 예컨대 대부분의 학문은 풀어야 할 과제들이 정해져 있어요. 그렇지만 철학이라는 학문은 무엇이 철학적인 문제인지부터 물어요. 시작부터 난감하죠. 도대체 철학은 어떻게 하는 건가요?

철학은 이 세상에서 제일 오래된 학문이라고 할 수 있어요. 고대 그리스 철학자들을 보면 온갖 것을 다 탐구했어요. 소크라테스의 제자인 플라톤은 기하학을 잘했어요. 피타고라스의 정리로 유명한 피타고라스 역시 철학자였어요. 플라톤의 제자이자 알렉산더 대왕의 스승인 아리스토텔레스는 생물학을 잘했어요. 사실 옛날에는 학문이 나뉘어 있지 않았으니 학문하는 사람들을 다 철학자라고 불렀던 것 같아요. 시간이 흐르면서 좁은 범위의 학문을 연구하는 전문가들이 생겨났고, 철학은 점점 그런 전문가들이 남겨 둔 것을 탐구하는 학문이 되었다고 하는 것이 맞을 것 같아요. 그렇다면 철학적인 물음이 무엇인지 알려면 이 세상의 모든 학문들이 철학을 떠나면서 철학에 남겨 두고 간 물음이 무엇인지 찾아보면 되겠지요?

그 물음이란 아마도 가장 근본적인 물음일 것으로 생각해요. 예를 들어 사회학은 사회에 대해서 연구하죠. 그런데 사회란 무엇인가를 연구하기보다는 다양한 사회적 현상들을 탐구해요. 법학도 마찬가지죠. 법이 무엇인가를 묻는 일은 법철학이 다뤄요. 예술가들은 예술 작품을 창조하지 예술이 무엇인지에 대해 이론적으로 탐구하지는 않아요. 그런 것은 예술 철학의 주제예요. 과학자들은 다양한 자연 현상을 탐구하고 자연법칙을 발견하려고 노력해요. 과학자들이 그런 노력을 하다 보면 과연 우리가 말하는 자연이란 무엇일까 하는 물음으로 연결이 돼요. 그리고 그것을 탐구하는 과학이란 도대체 무엇일까 하는 반성적인 물음도 던지게 되지요. 그런 물음들을 다루는 사람들을 과학 철학자라고 불러요. 이렇게 보면 철학자들의 물음이란 세상 사람들이 다 알고 있다고 생각하는 것에 대해서 다시 묻는 것이라고 할 수 있어요.

그런데 이렇게 따져 보면 철학적인 물음은 너무나도 많고 아무나 철학적인 질문을 던질 수 있는 것이 아닐까 하는 생각이 들어요. 그저 이 세상의 온갖 것들에 관해서 질문을 하면 되니까요. 맞아요. 철학적인 물음은 어디 멀리 있거나 복잡하고 어려운 것이라고 생각할 필요가 없어요. 그리고 플라톤, 칸트, 헤겔 같은 천재적인 철학자만 던질 수 있는 물음들도 아니에요. 이런 사실을 모르는 사람들은 철학을 공부하는 사람에게 편견을 가지고 있어요. 철학을 공부한다고 하면 남들보다 술을 잘 먹을 거라고 생각하는 사람도 있고, 머리를 길게 기르거나 수염을 기르고 다닐 거라고 생각하는 사람도 있죠. 실제로 어떤 유명한 철학자는 머리를 박박

밀고 중국옷을 입고 다니기도 했고, 철학과 학생 중에는 특정 색깔의 옷만을 입고 다닌 학생도 있어요. 물론 매일 술을 먹는 학생도 있었죠. 그렇지만 그런 경우는 각자의 개성에 따라 그렇게 한 것이지 철학하고는 아무런 상관도 없어요.

어린아이들이 철학자야

철학적인 생각을 하려면 천재나 기인을 따라가려고 할 것이 아니라 여러분이 어렸을 때를 떠올리는 것이 더 좋아요. 어린아이들은 세상의 모든 것에 대해 호기심을 가지고 질문을 던지죠. 여러분도 아마 엄마나 아빠께 질문을 많이 해서 부모님을 곤란하게 만들었을 거예요. 엄마나 아빠는 어린아이의 질문에 열심히 답하려고 하지만 어딘가에 도달하게 되면 아마 대답을 하지 못했을 거예요.

예를 들어 숨바꼭질을 하던 아빠가 숨었다가 나타나면서 "아빠 여기 있다"라고 말했다고 해요. '있다'는 말은 하루 종일 많이 쓰는 말이죠. 여기 장난감이 있다거나 여기 고양이가 있다거나 먹을 게 있다거나 하는 식으로 '있다'는 말을 많이 쓰는데, 어린아이는 갑자기 "'있다'는 게 뭐야?"라고 물을 수 있어요. 이런 질문을 받으면 아마 '없다'는 말을 통해서 뜻을 설명해 줄 수밖에 없을 거예요. 어린아이가 '있다'는 것이 무엇인지 의문을 가진다면 그것은 철학적인 질문이에요. 철학자 헤겔은 『논리학』이라는 책을 '있다'는 것을 설명하면서 시작해요. 철학자 하이데거는 '있다'는 것의 의미를 말하기 위해서 두꺼운 책을 썼어요.

어린아이들의 물음이 철학적인 이유는 어른들이 당연하게 생각하는 것을 다시 묻기 때문이에요. 어른들은 착하게 살아야 한다고 말하지만 착하게 사는 것이 무엇인지 묻지 않아요. 착하다는 것이 무엇인지는 상식적으로 다 알고 있다고 여기죠. 그렇지만 세상에는 상식으로 설명할 수 없는 것이 여전히 너무 많아요. 그리고 상식에 도전하는 것은 쉽지 않아요. 때로는 세상 사람들의 생각이 틀렸다고 말해야 하니까요. 그래서 철학적인 질문은 누구나 쉽게 던질 수 있지만 위험한 모험이기도 해요.

4장

우리가 아는 게
진짜로
맞는 걸까?

인식론

16

내가 아는 세상이 진짜 세상일까?

너무나도 생생한 꿈을 꾸었을 때 우리는 잠에서 깨고 난 다음에도 그것이 꿈인지 생시인지 헷갈릴 때가 있죠. 지금 우리가 사는 세상이 꿈이 아니라 실제로 존재하는 세상이라는 것을 우리는 어떻게 알 수 있을까요? 진짜로 존재하지 않는 것과 진짜로 존재하는 것을 우리는 어떻게 구분할 수 있을까요? 만약 우리가 계속해서 꿈을 꾸고 있는 것이라면 어떨까요?

여러분은 한 번쯤 지금 살고 있는 이 세상의 모든 일이 혹시 꿈은 아닐까 하는 의심을 한 적이 있을 거예요. 로또에 당첨된다면 이게 꿈은 아닐까 하고 생각할 거예요. 예상하지 못한 사고를 당하게 되더라도 이 모든 것이 사실은 꿈이 아닐까 하고 생각할 수도 있죠. 여기서 꿈은 현실과 대비되는 비현실적인 것, 진짜와 구분되는 가짜 세계를 의미하죠. 이런 생각을 하게 되는 이유는 우리가 실제로 진짜라고 믿었던 것이 가짜로 드러나는 경험을 종종 하기 때문일 거예요. 거짓된 것을 참된 것으로 잘못 알면 곤란한 일을 겪게 되죠. 겉보기에 싱싱해 보이는 해산물을 잘못 먹으면 배탈이 나듯이 말이에요. 그래서 철학자들은 참된 것이 무엇인지에 관심을 가졌어요.

예전에 드레스의 색깔이 어떻게 보이느냐를 두고 인터넷상에서 사람들이 서로 싸운 적이 있어요. 어떤 사람은 그 드레스가 파랑색과 검정색의 드레스라고 했고, 어떤 사람은 흰색과 금색이라고 했어요. 같은 모니터의 사진을 동시에 보고 있는 두 사람이 각각 다르게 보인다고 했으니 무엇이 진짜 드레스의 색깔인지 알수가 없었던 거죠. 이것은 결국 둘 다 맞는 것으로 결론이 났어요. 보는 사람의 상태에 따라서 달라 보일 수가 있다는 거죠. 그렇지만 이런 결론은 '진짜'가 무엇인지 궁금한 사람한테는 만족할 만한 답은 아니었어요. 여전히 드레스의 진짜 색깔은 무엇인지 궁금증은 그대로 남았죠.

그런데 이런 문제는 드레스의 색깔과 관련해서만 나타나는 것은 아니에요. 똑같은 강아지를 보고 어떤 사람은 무섭다고 하고 어떤 사람은 귀엽다고 해요. 그 강아지는 '진짜' 무서운 건가요, 귀여운 건가요? 이런 문제에 대답하기 위해서 플라톤은 우리의 육체적인 감각을 통해서 알게 되는 모든 것들은 '가짜'이고, '진짜'는 우리의 정신을 통해서 보게 된 것이라고 주장했어요. 그 강아지가 어떤지 알려면 우리는 그 강아지를 마음의 눈으로 봐야 된다는 거죠. 사람도 마찬가지죠. 겉보기에 잘생기고 착하게 생긴 사람이 다른 사람을 속이거나 나쁜 짓을 하는 경우가 있어요. 그래서 어른들은 사람을 외모로만 판단해서는 안 된다고 하죠.

플라톤은 진실은 눈에 보이지 않는다고 생각했어요. 진짜 세계는 정신의 눈으로만 볼 수 있다는 거죠. 그런 자신의 주장을 설명하기 위해서 플라톤은 '동굴의 비유'라는 걸 만들었어요. 그 비유 속에서는 빛이 어슴푸레하게 스며드는 동굴 속에서 사람들이 동굴의 벽면만을 바라보도록 묶인 채 살아가고 있어요. 이 사람들은 동굴 입구로 지나다니는 사람이나 동물의 그림자만을 보면서 그게 진짜 사람이나 동물이라고 생각해요. 그렇지만 그것은 진짜가 아니고 그림자에 불과하죠. 플라톤은 현실을 살아가는 우리가 마치 동굴 속의 죄수들과 같다고 생각했어요. 우리가 보는 이 세상의 모든 것은 그림자처럼 가짜라는 거예요. 진짜 세계는 동굴 밖에 있어서 그 세계는 정신적인 능력이 탁월한 철학자만 알 수 있다고 보았어요.

진실은 눈에 보이지 않아

믿거나 말거나 한 이야기죠. 플라톤의 말대로라면 우리는 모두 꿈속에서 사는 거나 마찬가지일 거예요. 그림자를 진짜라고 여기면서 말이죠. 플라톤의 말이 좀 과장된 것 같긴 하지만 눈에 보이는 것이 모두 진짜는 아니기 때문에 아주 틀렸다고 말하기도 힘들어요. 우리가 보고 듣는 것이 믿을 만한 것인지 따져 봐서 손해 볼 건 없어요. 철학자들은 대부분 육체의 눈으로 보는 모든 것들은 있다가도 없고, 없다가도 있는 것들이어서 믿을 만하지 못하다고 생각해요. 아무리 시간이 흘러도 변하지 않는 것이 있을 것이고 그것이 '진짜'라고 믿고 싶은 거죠. 여러분은 이 세상이 있는 그대로의 진짜 세상이라고 생각하나요?

강아지와 나는 같은 세상을 볼까?

여러분 가운데에는 아마 집에서 강아지를 키우는 친구도 있을 거예요. 때때로 강아지가 여러분의 말을 잘 알아들어서 마치 사람하고 대화하는 것 같다는 생각이 들 때가 있을 거예요. 여러분은 강아지가 여러분의 말을 다 알아듣는다고 생각하나요? 강아지가 보는 세상과 여러분이 보는 세상은 같은 세상일까요?

만약에 강아지가 사람이 말하는 의미를 사람이 생각하듯이 이해한다면 그 강아지는 사람들이 사용하는 단어의 의미를 다 알고 있을 거예요. 강아지를 보고 "배고프지?" 하고 물어보면 강아지는 배고프니 빨리 사료를 달라고 대답을 하는 것 같아요. 강아지는 정말로 "배가 고프다"는 말을 알아들은 것일까요? 그 말을 알아들으려면 강아지는 '배'가 뭔지 또 '고프다'라는 말이 무슨 의미인지 이해하고 있어야 해요. 여러분의 강아지는 똑똑해서 사람의 말뜻을 이해하고 있을까요?

사람들이 말로 의사소통을 할 수 있는 이유는 말을 통해서 서로가 똑같이 보고 느끼는 것에 대해서 의미를 전달할 수 있기 때문이에요. 내가 "저 파란 하늘을 보니 마음이 상쾌해진다"라고 말했는데 상대방이 '파랗다'는 게 뭔지 '하늘'이 뭔지 모르면 내 말뜻을 알지 못할 거예요. 서로 말뜻이 통하려면 우리가 같은 것을 보고 같은 것을 듣고 같은 것을 느끼고 있어야 해요. 그런데 강아지가 내가 보는 것을 보고, 내가 듣는 것을 듣고, 내가 느끼는 것을 느끼는지는 불분명해요. 강아지는 색맹에 가깝다고 해요. 강아지한테 "저 분홍색 공을 물어 와"라고 말하자 곧바로 강아지가 그 공을 물어 왔다고 해서 강아지가 그 공이 분홍색이라는 걸 알았다고 생각할 수는 없어요. 강아지는 아마도 우리가 보는 세상과는 다른 세상을 보고 있을 거예요.

저마다의 방식으로 세상을 봐

다른 동물들은 어떨까요? 개구리 같은 동물은 움직이지 않는 것은 보지 못하고 움직이는 물체만을 본다고 해요. 파리를 잡아먹으려면 눈앞에서 빠르게 움직이는 파리를 잘 봐야겠죠. 잠자리는 360도에 가까운 시야를 가지고 있어서 뒤에서 날아가는 모기도 볼 수 있다고 해요. 잠자리나 개구리가 보는 세상은 우리가 보는 세상과 완전히 다를 거예요.

철학자 칸트는 모든 사람들이 같은 방식으로 세상을 보기 때문에 자연에 대한 학문적인 탐구를 할 수 있다고 말했어요. 만약에 내가 보는 하늘과 여러분이 보는 하늘이 똑같이 보이지 않는다면 우리는 하늘에 대해 말하기 힘들 거예요. 내가 하늘이 파랗다고 하는데 여러분은 하늘이 검다고 말하면 서로 거짓말한다고 생각할 거예요. 그렇지만 그런 일은 실제로 잘 일어나지 않아요. 겨울이 가면 봄이 오고, 해가 져서 밤이 된 다음에는 새벽이 와요. 자연의 모습은 모든 사람들에게 똑같은 모습으로 나타나요. 그리고 자연 현상은 마치 어떤 법칙에 따라서 이루어지는 것같이 보여요. 밀물과 썰물의 때가 정해져 있고, 물건을 높은 곳에서 놓으면 반드시 아래로 떨어지죠. 물은 일정한 온도에서 끓어요. 자연 현상이 늘 그렇게 일정한 법칙에 따라서 발생하기 때문에 사람들은 앞으로 어떤 일이 닥칠지 예상할 수 있어요. 과학자들은 앞으로 일어날 일들을 알기 위해서 자연의 법칙을 탐구하는 것이에요. 생각이 여기까지 미치면 또 다른 의문이 생겨나요. 자연 현상이 법칙에 따라서 일어난다고 하는 것은 우주를 움직이는 어떤 법칙이 있다는 것일까요? 그 법칙은 누가 만들었을까요?

칸트는 그런 법칙이 우주에 있는 것이 아니라 오히려 우리 마음 안에 있다고 생각해요. 사람들이 세상을 보는 일정한 방식이 있는 것이지 우주를 움직이는 법칙이 따로 있는 것은 아니라는 거죠. 사람들은 똑같은 방식으로 세상을 봐요. 과학자들이 탐구하는 것은 겉보기에는 우주의 법칙인 것 같지만 사실은 사람들이 세상을 바라보는 공통의 방식이죠. 잠자리나 개구리가 자기들만의 방식으로 세상을 보는 것처럼 사람도 사람의 방식으로 세상을 봐요. 잠자리나 개구리가 만약 학문을 한다면 우리가 알고 있는 것과는 전혀 다른 자연법칙들을 발견하겠죠.

강아지 이야기로 돌아갈까요? 사람의 말을 다 알아듣는 강아지가 있을 것 같지는 않아요. 강아지는 분명히 사람과 정서를 공유하고 어떤 의미 내용을 공유하겠지만 그렇다고 해서 강아지가 사람의 말을 이해한다고 볼 수는 없어요. 강아지는 아마도 강아지의 방식으로 사람의 말을 알아들을 거예요. 사람의 언어는 복잡하죠. 언어는 감정이나 의미를 전달하기 위해 사람이 만든 것이긴 하지만 그 복잡한 언어적 표현 때문에 거꾸로 사람의 감정이나 생각이 더 다양해질 수 있어요. 사람은 언어가 표현할 수 있는 만큼의 복잡한 감정을 가질 수 있죠. 그렇지만 아마 강아지는 몇 가지 단순한 언어를 가지고 있을 거예요. 그러니까 강아지가 의기소침해 있다고 해서 너무 상심할 필요는 없어요. 강아지의 감정은 사람만큼 그렇게 섬세하지는 않을 테니까요.

18

생각 하니까 존재 한다고?

우리는 옛날 사진을 보면서 놀랄 때가 가끔 있죠. 사진 속에는 분명히 내가 있는데 나는 그 장소에 갔던 기억이 전혀 없는 경우가 있어요. 요즘은 사진을 합성하는 기술이 발전해서 내가 그 장소에 간 적이 없어도 그런 사진을 쉽게 만들어 낼 수도 있죠. 만약 내 기억의 내용과 일치하지 않는 사진을 발견했을 때 나는 어떤 쪽이 맞는 것인지 어떻게 알 수가 있을까요?

사실 따지고 보면 우리의 기억만 불분명한 것은 아니에요. 요즘같이 미세 먼지가 많은 날에도 맑은 날은 하늘이 파랗게 보여요. 뉴스에서는 미세 먼지 농도가 높으니 밖에 나가지 말라고 해요. 뉴스가 거짓말을 하는 것이 아니라면 내 눈으로 보는 것이 거짓이라는 것이 돼요. 밖에서 사 먹는 음식들은 집에서 먹는 밥에 비하면 짠 경우가 많지만, 우리 입에는 그 짠맛이 잘 느껴지지 않아요. 음식을 뜨겁게 하거나 달게 하면 짠맛이 감추어지죠. 그렇지만 음식점의 음식이 간혹 집에서 먹는 밥처럼 실제로 짜지 않은 경우도 있어요. 그래서 어떤 음식이 실제로 짜고 그렇지 않은지 우리는 분명하게 알기 힘들어요.

내가 직접 보고 느끼는 것들과 나의 기억이 확실치 않다면, 내가 알고 있다고 믿는 것이 사실은 잘 모르는 것일 수도 있어요. 나는 무엇을 근거로 어떤 것은 내가 아는 것이고, 어떤 것은 내가 알지 못하는 것이라고 말할 수 있을까요? 예전 영화 중에 〈트루먼 쇼〉라는 영화가 있어요. 거대한 세트장을 만들어 놓고 한 사람의 일생을 관찰하는 프로그램에 관한 영화예요. 주인공은 자신의 세계가 만들어진 세계라는 사실을 알지 못하고 세트장에서 매일매일 살아가요. 주인공의 친구들은 진정한 친구가 아니라 사실은 친구 역을 맡은 배우들이죠. 주인공이 잘 안다고 생각하는 모든 것은 거짓인 셈이에요. 만약 우리가 그런 세트장에서 살고 있다고 가정하면 우리가 안다고 믿는 모든 것은 거짓일 거예요. 부모님도, 누나도, 친구들도 모두 거짓인 거죠. 심지어 학교에서 배우는 모든 지식도 참이 아닐 수 있어요. 예컨대 그 세트장에 있는 학교에서는 1+1=2가 아니라 3이라고 가르칠 수도 있을 거예요.

기억나지 않는 여행 사진을 보는 우리의 세계가 거대한 세트장이 아니라고 말할 수 있는 근거는 무엇일까요? 데카르트라는 철학자는 그 근거로 '나는 생각한다'라는 사실을 제시했어요. 만약 중학교에 다니는 승보가 가짜 사진을 가지고 놀리는 아빠와 누나의 놀림 때문에 의심병이 생겼다고 해 봐요. 그러면 승보는 모든 것이 의심스럽다고 여길 거예요. 심지어 승보는 자기가 진짜 승보인지 의심할 수도 있어요. 자기는 사실은 존재하지도 않는데 존재

르네 데카르트(1596-1650) 근대 철학의 토대를 닦은 프랑스 철학자이다. 「방법 서설」에서 '나는 생각한다. 그러므로 나는 존재한다(cogito ergo sum)'라는 명제를 통해 근대적 주체의 탄생을 알렸다. 그는 합리론자로서 인간은 누구나 이성을 가지고 태어난다고 주장했다. 한편 몸이 속한 물리적 세계는 기하학적으로 설명할 수 있다고 보았다. 이성을 본질로 하는 마음과 기하학적 속성을 본질로 하는 몸을 별개의 실체로 보아 심신이원론의 문제를 낳았다.

한다고 믿도록 누군가가 속이고 있다고 생각할 수 있다는 거죠. 어떤 미친 과학자가 통 속에 승보의 두뇌를 집어넣고 기계 장치를 이용해 여러 가지 기억이나 보고 듣고 맛보는 등의 감각 자료를 만들어서 집어넣고 있다면 승보는 통 속에 있는 두뇌이면서도 몸을 가지고 활동하는 사람이라고 믿을 수 있어요.

의심한다는 것

그렇지만 데카르트는 모든 것이 거짓인 이런 세계는 있을 수 없다고 보았어요. 만약 그런 세계가 있다면 모든 것이 의심스러운 것이어야 하죠. 하나라도 의심스럽지 않은 것이 있으면 그런 세계는 무너져요. 데카르트는 모든 것을 의심해도 우리가 끝내 의심할 수 없는 것이 한 가지 있다고 주장했어요. 그건 바로 우리가 '의심한다'는 사실이에요. 우리는 내가 의심하고 있는지 의심할 수 있어요. 그렇지만 그런 의심을 통해서 의심하는 것이 부정되지는 않아요. 의심한다는 것은 결국 생각한다는 것이고, 이렇게 내가 생각하는 존재이기 때문에 나는 내가 가짜로 존재하는 승보가 아니라 진짜 승보라는 것을 알 수 있어요.

데카르트는 사람들이 가진 '생각할 수 있는 능력'을 '이성'이라고 불렀어요. 이성은 무엇이 참이고 무엇이 거짓인지 가려낼 수 있는 능력을 뜻해요. 흥미로운 점은 데카르트가 이성은 오로지 인간만 가지고 태어난다고 보았다는 거죠. 고양이와 개는 이성이 없어요. 그래서 고양이와 개는 마치 정교한 로봇이나 마찬가지로 자기 스스로 생각하고 움직이는 것이 아니라 정해진 대로 움직일 뿐이라고 보았어요. 승보의 강아지가 로봇과 다름없다고 생각하면 좀 안타깝죠.

19

책상은 진짜로 내 뒤에 있을까?

우리가 눈앞에 보고 있는 세상이 컴퓨터에 의해 시뮬레이션되고 있는 거짓된 세상이 아니라는 것, 혹은 꿈속에서 보고 있는 꿈속의 세상이 아니라는 것을 확실하게 말할 수 있는 근거는 무엇일까요? 우리의 눈으로 직접 보고 있다는 사실이 그 세상이 거짓된 것이 아니라는 것을 말해 주는 증거가 될 수 있을까요?

예를 들어 여러분 반에 장난을 좋아하는 친구가 하나 있다고 해 봐요. 이 친구는 선생님들 앞에서는 매우 행실이 바르고 공부도 잘해요. 그렇지만 반 아이들은 그 친구가 개구쟁이라는 것을 알아요. 선생님이 칠판에 판서를 하느라고 학생들에게 등을 보일 때면 그 친구는 갑자기 일어나 우스운 동작을 해서 친구들을 웃겨요. 학생들은 웃음을 참으면서 킥킥대죠. 그러면 선생님은 무슨 일이 있나 해서 뒤를 돌아봐요. 그렇지만 선생님은 무슨 일이 있었는지 알 수가 없어요. 그 친구는 동작이 빨라서 어느샌가 자기 자리에 얌전히 앉아 있기 때문이죠. 누군가 고자질을 하더라도 선생님은 절대로 그 친구가 장난을 친다고 믿지 않을 거예요. 선생님은 그 친구가 장난치는 것을 한 번도 보지 못했으니까요. 만약에 그 친구가 앞으로도 장난을 들키지 않는다면 선생님이 그 친구가 장난을 친다는 것을 믿게 할 방법은 없는 것일까요?

이 물음은 우리가 세상에 대해 참이라고 알고 있는 지식이 어디에서 유래하는지 묻는 철학적인 물음과 관련이 있어요. 앞에서 우리는 데카르트가 이성에 대해 말한 것을 기억해요. 그에 의하면 우리가 세상에 대해서 참된 지식을 가질 수 있는 근거는 '이성'을 가지고 태어나기 때문이에요. 그런데 모든 사람이 '이성'을 가지고 있다는 걸 어떻게 알 수 있을까요? 실제로 어떤 사람들은 이성이 없는 것처럼 보이기도 해요. 끔찍한 아동 성범죄자들처럼 말이죠. 이런 의문이 드는 이유는 '이성'이 눈으로 볼 수 없는 것이기 때문이에요.

경험이 중요해

개구쟁이 친구의 장난을 믿지 않는 선생님의 판단은 잘못된 것이기는 해도 이해할 만한 것이에요. 어떤 사실이 참이라는 것을 확신하려면 우리 눈에 보이는 분명한 증거가 있어야 해요. 예를 들어 귀신을 보았다는 사람은 많이 있지만, 귀신이 존재한다고 믿는 것이 옳다고 확신할 수는 없어요. 귀신을 보지 못한 사람이 더 많고 귀신을 보았다는 사람의 이야기를 입증할 만한 근거를 보여 주기 어렵기 때문이에요. 유니콘이나 용과 같이 전설로 내려오는 신기한 동물이 실제로 존재한다고 믿는 사람은 별로 없어요. 그런 동물을 눈으로 본 사람이 없기 때문이죠. 이렇게 생각하면 우리가 세상에 대해서 참이라고 믿는 지식은 우리가 실제로 눈으로 확실하게 확인한 것들이라고 할 수 있어요.

참된 지식은 경험에서 비롯된다고 주장한 사람들을 '경험론자'라고 불러요. 경험론이란 경험을 통해서만 참된 지식을 얻을 수 있다는 철학적 입장이에요. 거꾸로 이야기하면 경험을 하지 않은 것에 대해서는 우리는 어떤 지식도 가질 수 없다는 것이죠. 선생님이 개구쟁이 친구의 장난을 경험한 적이 없기 때문에 그 친구의 장난에 대해서 알지 못하는 것과 마찬가지예요. 경험론자들에 의하면 우리는 경험을 통해서 '관념'을 얻어요. 책상을 눈으로 보면 책상에 대한 '관념'이 우리 마음속에 생겨요. 친구의 장난을 보면 장난이라는 '관념'이 우리 마음속에 생겨요. 경험을 많이 하면 많은 관념들이 생기겠죠. 우리는 이 관념들을 관련짓고, 결합시키고, 비교해서 어떤 지식을 얻어요.

　버클리라고 하는 영국의 경험론자는 직접적인 경험을 통해서 얻은 관념들만 우리가 알 수 있는 것이라고 주장했어요. 아주 극단적인 주장이죠. 우리가 지금 책상 앞에 앉아 있다고 해 봐요. 나는 눈앞에 있는 책상을 보고 있어요. 그러면 내 마음속에는 책상에 대한 '관념'이 생기겠죠. 나는 내가 책상을 보고 있는 동안 그 관념이 참이라고 생각할 수 있어요. 그렇지만 내가 의자를 빙글

조지 버클리(1685~1753) 아일랜드의 철학자이자 성공회 주교이다. 로크에서 흄으로 이어지는 영국 경험론의 대표자이다. 버클리는 우리가 직접적으로 지각하는 것만이 실재한다고 하는 극단적인 경험론의 입장을 표명하여 결국 감각 지각을 통해 얻어진 우리의 관념만이 확실하게 존재하는 것이라고 하는 관념론의 입장으로 넘어갔다. 『새로운 시각 이론에 관한 시론』, 『인간 지식의 원리론』 등의 저서가 있다.

돌려서 책상을 등지고 앉게 되었다고 해 봐요. 그러면 내 눈에서 책상은 사라져요. 나는 책상에 대한 관념을 가지고 있지 않게 되었어요. 내 등 뒤에 책상이 여전히 존재한다고 말할 수 있을까요? 상식적으로는 그렇게 말해야 하지만, 내가 등을 돌린 상태에서 누군가 책상을 없앴다가 내가 다시 몸을 돌리면 책상을 나타나게 한다고 엉뚱한 가정을 해 보면 내 등 뒤에 책상이 여전히 존재한다는 나의 판단은 틀린 것이 돼요. 말하자면 경험을 통해서만 참된 지식을 얻을 수 있다는 경험론의 원칙을 위반한 셈이 돼요.

내가 당장 경험을 해서 얻은 관념만이 참된 것이라는 버클리의 주장을 '주관적 관념론'이라고 해요. 이것은 마치 내가 죽으면 이 세상도 사라진다는 주장과 같은 것이에요. 상식하고 동떨어진 주장이라서 별로 설득력은 없죠. 그렇지만 이런 엉뚱한 생각도 결국은 우리가 평소에 의심해 보지 않는 우리의 상식적인 지식들이 어떻게 해서 참되다고 하는 것인지 생각해 보게 한다는 점에서 의미가 있어요. 버클리는 이 세상을 오로지 자기를 중심으로 해서 바라보는 중2병스러운 데가 있죠?

내일도 해가 동쪽에서 뜰까?

우리는 흔히 의외의 일을 겪게 되면 "내일은 해가 서쪽에서 뜨겠네" 하고 말하는 경우가 있어요. 이것은 해가 서쪽에서 뜰 리가 없으니 그만큼 우리가 겪은 일이 희한한 일이라는 것을 말해요. 그런데 해가 서쪽에서 뜨지 않는 것은 100% 확실한 일일까요? 우리는 내일도 해가 동쪽에서 뜬다는 것을 어떻게 확실하다고 말할 수 있을까요? 절대로 틀리지 않는 사실이 있을까요?

근거를 대야 한다고?

이런 질문도 우리가 일상적으로 던지는 질문은 아니지요. 그렇지만 철학자들은 우리가 상식적으로 참이라고 믿고 있는 지식들이 참이라고 할 수 있는 근거를 설명할 수 있어야 한다고 생각해요. 상식적인 지식들은 대부분 옳지만 간혹 거짓으로 밝혀지는 경우도 있어요. 그래서 세상 사람들이 다 옳다고 믿고 있는 사실들도 그것이 왜 옳은 지식인지 그 근거를 확실하게 설명할 수 없다면 아무 의심 없이 받아들여서는 안 된다고 생각해요.

예를 들어 옛날 사람들은 태양과 별들이 지구를 중심으로 돈다고 생각했어요. 지구가 우주의 중심에 있고, 천체가 지구 주위를 돈다는 것이 프톨레마이오스라는 옛 천문학자의 천동설이지요. 이런 생각은 옛날 사람들에게는 상식이었고 매우 오랫동안 받아들여졌지요. 그렇지만 이 상식은 여러분이 잘 알다시피 코페르

니쿠스라는 학자가 지구가 태양의 주위를 돌고 있다는 지동설을 내놓으면서 무너졌어요. 오늘날에는 아무도 태양이 지구의 주위를 돌고 있다고 생각하지 않지요. 물론 천동설이 지동설로 바뀌게 되기까지는 적지 않은 시간이 필요했어요. 지동설이 나오고 나서도 사람들의 상식으로 정착하기까지는 백 년 이상의 시간이 필요했다고 해요.

그렇다면 우리가 오늘날 믿고 있는 상식들도 나중에 참이 아닌 것으로 밝혀질 가능성이 있는 걸까요? 해가 동쪽에서 뜬다는 사실은 나중에 거짓이 될 수도 있을까요? 물이 섭씨 백 도에서 끓는다는 것은 참이 아닐 수 있을까요? 이런 질문에 대답하기 위해서는 우리가 그런 지식들을 어떻게 얻게 되었는지부터 생각해 볼 필요가 있어요.

천체에 관한 지식이나 물과 같은 자연 사물에 대한 지식은 우리가 자연에 존재하는 세계를 경험하면서 얻게 돼요. 철학자들 가운데 우리의 모든 지식은 바로 그런 경험을 통해서만 얻어진다고 주장하는 사람들이 있어요. 그런 사람들을 경험론자라고 불러요. 우리는 시각, 청각, 촉각, 미각, 후각과 같은 다양한 지각 능력을 가지고 있어요. 그런 감각 지각을 통해서 우리는 세계에 대한 정보를 얻게 되지요. 그리고 그런 정보를 연결시키게 되면 세계에 대한 하나의 지식이 만들어져요. 해가 동쪽에서 뜬다는 것은 우리가 매일 아침 일어나서 해가 동쪽에서 뜨는 것을 보아 왔기 때문에 그렇게 말할 수 있는 것이에요.

그런데 흄이라는 영국의 경험론자는 경험을 통해서 얻게 된 우리의 세계에 대한 지식이 절대적으로 참이라고는 할 수 없다고 말했어요. 이것은 경험을 통해 성립된 모든 과학적 지식이 절대적으로 참인 지식이 아니라는 주장인 셈이에요. 흄이 그렇게 주장하는 이유는 과학적 지식이 우리의 반복된 경험에 근거하고 있다고 보기 때문이에요. 인간은 천 년 전에도 해가 동쪽에서 뜨는 것을 보았고, 지금까지 계속해서 해가 동쪽에서 뜨는 것을 보고 있어요. 우리 같은 보통 사람들은 그 정도면 내일도 해가 동쪽에서 뜰 것이라고 확실하게 말할 수 있지 않겠느냐고 생각하지만 흄은 좀 다르게 생각했어요. 지금까지 경험을 통해서 참이라고 여겨진 것이 앞으로도 그럴 것이라는 보장은 어디에도 없다는 것이지요.

예를 들어 '까마귀는 검다'라는 말을 생각해 보죠. 우리는 지금까지 검은 까마귀를 보아 왔기 때문에 그 말이 확실하게 맞다고 생각해요. 그렇지만 흄은 그런 생각이 근거가 없다고 봐요. 왜냐

데이비드 흄(1711~1776) 스코틀랜드 출신의 철학자이다. 로크와 버클리를 잇는 영국 경험론의 대표자이다. 흄은 경험론의 원칙을 받아들여 감각 경험을 통해 생기는 직접적인 인상이 없는 것에 대해서는 확실한 지식이라고 말할 수 없다고 생각했다. 그에 의하면 귀납적인 추론의 결과는 직접적인 인상이 없는 인과관계에 토대를 둔 것이므로 확실한 것이 아니다. 해가 내일도 동쪽에서 뜰 것이라는 생각은 귀납적인 추론에 의한 것이므로 확실하지 않다. 이런 입장을 흄의 회의주의라고 부른다. 그의 생각은 현대 논리 실증주의자들에게 많은 영향을 주었다. 『인간 본성에 관한 논고』 등의 저서가 있다.

면 내일 아침에 갑자기 검지 않은 까마귀가 태어날 가능성은 늘 있기 때문이죠. 해가 동쪽에서 뜨는 것도 마찬가지예요. 천체에 이상이 생겨서 지구가 갑자기 사라지기라도 한다면 내일 해가 동쪽에서 뜰 일은 없겠지요.

뭔가 억지스럽다고요? 철학자들의 이론은 상식적인 관점에서 보면 다소 억지스러울 수도 있어요. 그렇지만 흄이 말하듯이 우리의 지식이 경험에서 출발하는 것이고 경험의 세계는 필연성의 영역이라기보다는 우연성의 영역이라는 것을 받아들인다면 우리는 흄의 주장을 쉽게 부정할 수 없게 돼요. 언젠가는 지구가 둥글다는 것도 부정될 수 있을까요? 도저히 그럴 것 같지는 않지만 그것도 절대적인 지식은 아니라고 겸손하게 생각하는 편이 좋겠어요.

친구가 거짓말쟁이로 보여?

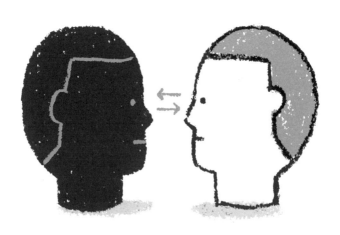

나에게 거짓말을 한 적이 있는 친구를 대할 때마다 나는 그 친구가 나에게 또 거짓말을 하지는 않을까 하는 생각을 하게 돼요. 나는 친구를 거짓말쟁이로서가 아니라 있는 그대로의 친구로 볼 수는 없는 것일까요?

때때로 우리는 친구를 오해하거나 친구가 나를 오해하기 때문에 사이가 틀어지기도 해요. 친구는 전혀 나를 기분 나쁘게 할 의도가 없었다는데 나는 친구의 말이나 행동이 나를 좋지 않게 대하는 것 같아 실망할 때가 있지요. 친구를 자꾸 의심하게 되는 나도 마음이 좋지는 않아요. 내가 친구에게 가진 선입견을 모두 떨쳐 버리고 친구를 있는 그대로 볼 수 있다면 얼마나 좋을까요?

선입견을 가지고 사람을 대하거나 세상을 바라보는 것이 좋지 않다는 것은 우리가 다 잘 알고 있지요. 어떤 사람이 가진 피부색 때문에 그 사람이 나쁜 사람이라고 생각하거나, 그 사람이 가진 성별 때문에 그 사람이 똑똑하거나 그렇지 않다고 여기거나, 그 사람이 가진 국적 때문에 그 사람이 간사하다거나 또는 정의롭다고 생각하는 것도 모두 잘못된 것이지요. 그런 생각은 논리적으로 잘못을 범하고 있어요. 그래서 우리는 가능한 한 선입견 없이 사람을 대하고 세상을 객관적으로 바라볼 필요가 있어요.

근대의 많은 철학자들은 우리가 이성을 발달시키면 그런 선입견에서 벗어날 수 있다고 생각했어요. 그런 생각을 가진 철학자들을 계몽주의자라고 불러요. 계몽주의자들은 이성을 통해서 선입견을 극복하면 세계에 대한 객관적인 지식을 얻을 수 있다고 생각했어요. 근대 과학 기술의 발달은 그런 계몽주의적인 생각과 관련이 있지요. 그들은 과학 기술이 발달할수록 우리는 세계에 대한 참된 지식을 많이 얻게 될 것이고 그만큼 우리의 삶이 행복해질 거라고 믿었죠. 그들의 믿음은 어떤 면에서는 맞았어요. 오늘날 우리는 물질적으로 매우 풍족한 세상에 살게 되었죠. 그런데 기대한 만큼 행복해졌다고 말하기는 힘들 것 같아요. 왜냐하면 과학 기술의 힘이 너무 커져서 자칫하면 지구 전체가 멸망할 수도 있는 세상이 되었기 때문이에요. 핵폭탄은 지구를 여러 번 폭발시킬 수 있어요. 태평양에는 거대한 플라스틱 쓰레기 섬이 떠다녀요. 수명은 늘었지만 그만큼 만성 질환에 시달리는 사람도 늘었죠.

좋은 선입견이 필요해

그래서 가다머 같은 독일 철학자는 계몽주의자들의 생각이 잘못된 것이 아닐까 생각했어요. 우리가 선입견에서 벗어날 수 있다는 그들의 생각이 하나의 선입견이 아닐까 생각한 거죠. 가다머는 오히려 우리가 선입견에서 출발할 수밖에 없다고 생각해요. 선입견이 없는 이해는 없다는 거죠. 우리가 무언가를 이해한다는 것은 우리가 사용하고 있는 언어를 통해서만 가능해요. 언어가 없이는 이해한다는 것도 있을 수가 없지요. 이해한다는 것이 사고의 과정이라면 사고는 언어를 떠나서 진행될 수 없으니까요. 요즘 청소년들은 자신들이 쓰는 말을 '급식체'라고 부른다고 해요. 저 같은 어른들은 급식체를 이해하기 힘들어요. 청소년들이 공유하고 있는 고유한 정서를 가지고 있지 않기 때문이지요. 급식체를 사용하는 청소년들은 자신들의 방식으로 세상을 이해할 거예요.

이런 이해의 방식을 역사적인 사건이나 문학 작품 같은 데로 확장해서 생각해 보면 선입견이 없는 이해가 얼마나 힘든 것인지 알 수 있어요. 똑같은 역사를 겪었어도 사람에 따라서 그것을 달리 설명하는 경우가 많아요. 제주도의 4.3 사건을 어떤 사람들은 공산주의자들의 폭동이라고 하고 어떤 사람들은 무고한 민간인에 대한 국가 폭력이라고 해요. 1980년 광주에서 일어난 일을 어떤 사람들은 간첩들이 선동해서 일어난 폭동이라고 하고, 어떤 사람들은 민주화 운동이라고 해요. 일제 강점기 시대를 어떤 사람들은 우리나라의 근대화에 도움이 되었다고 하고, 어떤 사람들은 일본 제국주의가 수탈한 시기라고 해요. 아마도 어떤 관점은 잘못된 것이고 어떤 관점은 옳은 것으로 판정이 되겠지요. 그렇지만 무엇이 객관적인지는 말하기 힘들어요. 왜냐하면 우리는 그 역사적 사건의 일부이기 때문이에요. 우리가 이해하고자 하는 것을 우리 자신과 완전히 떼어 놓을 수 있을 때 우리는 그것을 객관적으로 바라볼 수 있을 거예요. 그렇지만 그것은 불가능하다는 것이 가다머의 생각이에요. 우리 자신이 역사적인 과정에서 결코 벗어날 수 없는 존재이기 때문이죠. 우리가 바랄 수 있는 것은 선입견이 없는 사람이 이기는 것이 아니라 좋은 선입견을 가진 사람들이 이기는 것이에요. 선입견이 없는 사람은 없어요.

문학 작품을 이해하는 것도 비슷해요. 작가들은 흔히 작품을 쓰고 나서 그 작품은 자신의 손을 떠났다고 말해요. 그 작품의 의미에 대해서 작가 자신도 객관적인 평을 할 수 없다는 말이지요. 우리는 모두 어떤 문학 작품에 대한 한 가지 해석만 할 수는 없어요. 오히려 그렇기 때문에 문학 작품은 시간이 흘러도 계속해서 읽히고 여러 해석이 나올 수 있을 거예요. 만약 한 가지 옳은 해석, 객관적인 이해만 있다면 문학 작품은 지속적으로 읽히지 않게 될 거예요.

이제 친구를 이해하는 문제로 돌아가기로 해요. 미안하지만 친구를 객관적으로 이해하려고 하지는 마세요. 왜냐하면 그렇게 할 수 있는 사람은 아무도 없으니까요. 친구와 사이좋게 지내고 싶다면 좋은 선입견을 가지고 보도록 노력하는 편이 좋겠어요. 친구가 내게 잘해 준 일을 떠올려 보도록 해요.

5장

과학 기술이 발달하면 행복해질까?

과학 철학, 심리 철학

여러분은 자신에게 영혼이 있다고 믿나요? 아마도 대부분 그렇다고 생각하겠지요? 영혼이 없는 사람이라고 하면 진정한 사람이 아니라고 말하는 것처럼 들리겠지요? 그렇다면 귀신은 어떤가요? 영혼이나 귀신의 개념이 좀 애매하긴 하지만 죽어서 저승에 가지 못한 영혼을 귀신이라고 부르기로 해요. 영혼이나 귀신을 본 적은 없어도 아마 여러분 중에는 그런 것이 있다고 믿는 사람도 있을 거예요. 그런데 영혼이나 귀신이 있다는 것을 어떻게 알 수가 있을까요? 정말로 그런 것이 있을까요?

세상 사람들 중에는 귀신을 실제로 보았다고 주장하는 사람도 많고 귀신을 찍었다는 심령사진들도 많이 나돌아요. 영혼이나 귀신을 소재로 한 영화도 많이 만들어지고 있지요. 그렇지만 지금까지 영혼이나 귀신의 존재를 증명한 사람은 없어요. 그런데도 왜 끊임없이 영혼이나 귀신에 관한 이야기가 생산되는 것일까요? 요즘과 같은 과학 기술의 시대에 과학적인 근거가 없는 이야기는 더 이상 하지 않는 것이 옳지 않을까요? 사람들이 아무런 근거도 없는 이야기를 계속해서 하는 데에는 아마도 우리 자신이 단순히 몸으로만 이루어진 존재가 아니라는 생각이 바탕에 깔려 있다고 생각이 돼요.

우리가 스스로 영혼이 있는 존재라고 말하는 것은 우리가 단지 몸뿐 아니라 마음도 가지고 있다고 주장하는 것으로 볼 수 있어요. 마음은 보통 몸하고 구별되는 우리 자신의 일부로 여겨지죠. 우리는 마음을 가진 존재라는 점에서 기계적인 반응을 보이는 다른 존재들과 우리 자신이 다르다고 생각해요. 이때 말하는 마음이란 이성이라고 부르는 우리의 독특한 능력과도 관련이 있어요. 진리를 파악하는 능력인 이성은 몸이 가진 능력이 아니라 우리의 마음이 가진 능력이에요. 그리고 그 마음은 몸하고는 전혀 다른 종류의 존재라고 할 수 있어요. 이런 생각을 펼친 철학자가 바로 데카르트예요. 데카르트는 이성이 인간에게만 있다고 보았어요. 개나 고양이와 같은 동물이 아무리 똑똑한 행동을 해도 그 동물들은 주어진 환경에 맞춰 기계적으로 반응하는 것일 뿐이에요. 그런 점에서 매우 정밀하게 설계되고 제작된 로봇과 다를 바가 없어요. 오로지 인간만이 마음을 가졌고, 그래서 이성 능력이 있고, 영혼을 가진 존재라고 할 수 있어요.

이런 인간에 대한 생각은 우리의 상식과 비슷하죠. 우리는 대부분 인간이 동물이나 기계와는 질적으로 다른 존재라고 생각해요. 그리고 인간은 죽더라도 그냥 없어지는 것이 아니라 몸에서 영혼이 빠져나와 저세상으로 간다고 믿어요. 우리의 물음은 우리가 어떻게 이 모든 사실을 안다고 말할 수 있느냐 하는 것이에요. 영혼이나 천국이 실제로 존재하는지에 대해서는 아무도 알지 못해요. 어떤 과학자도 그런 존재를 입증한 적이 없죠. 이것은 우리가 가졌다고 믿는 마음의 존재에 대해서도 마찬가지예요. 우리는 자신이 생각, 믿음, 욕망, 의지 등등을 가진 존재라는 점에서 마음을 가졌다고 확신하고 있어요. 나의 의지나 신념은 내 몸의 것이 아니라 내 안에 존재하는 나의 마음에서 비롯된 것이라고 생각하는 거죠. 그러나 내 옆에 있는 다른 사람의 마음은 어떨까요? 내가 그 사람이 마음을 가졌다고 믿는 것은 내가 나의 마음을 확신하게 된 것과 같은 방식을 거친 것일까요? 그렇지는 않을 거예요. 나는 그 사람의 내면을 들여다볼 수가 없으니까요. 결국 나는 내 옆 사람이 나와 동일한 종류의 마음을 가지고 있다고 말할 수 있는 아무런 근거도 없어요. 최근의 SF 영화를 보면 인간과 전혀 구별되지 않는 로봇이 등장하죠. 그런 로봇은 나와 똑같은 마음을 가졌다고 봐야 할까요?

마음도 진화한다

여러분이 데카르트주의자라면 아마도 그렇지 않다고 생각할 거예요. 그렇지만 여러분이 만약 과학적인 설명에 입각해서 마음이나 영혼에 대해서 설명하고자 한다면 이 세상의 수많은 것들이 사실은 우리가 마음이라고 부르는 것을 가진 존재로 보아야 한다는 생각에 동의할 수밖에 없을 거예요. 이런 주장은 데카르트를 비판한 현대 철학자 대니얼 데닛이 했어요. 데닛은 마음에 대해 말할 때 내면을 바라보는 식으로 1인칭 시점에서 말하면 안 된다고 보았어요. 그런 것은 과학적인 서술의 방식이 아니에요. 과학자들은 3인칭의 시점에서 객관적으로 설명해요. 과학자들처럼 우리가 설명하고자 하는 대상이 어떤 태도를 보이는가를 관찰해서 그 결과를 가지고 그 대상에 대해 설명하는 것이 옳다는 것이죠. 이렇게 보면 태양을 향하는 주광성의 동식물, 정해진 온도에 맞춰 냉난방기를 작동하는 자동 온도 조절 장치, 알고리즘에 따라 움직이는 로봇 등등은 모두 마음을 가지고 있다고 설명할 수 있어요.

과학적으로 말하자면 인간을 포함해서 마음을 가진 것처럼 보이는 대상들이 실제로 마음, 혹은 영혼을 가진 존재인지 아닌지는 판단할 수 없어요. 과학자들은 관찰을 통해 파악된 그 대상들의 태도를 바탕으로 마치 마음을 가진 존재로 여길 수 있다고 주장할 수 있을 뿐이에요. 데닛은 오로지 하나의 완성된 마음이 존재하는 것이 아니라 매우 단순한 마음에서부터 고도로 복잡한 마음에 이르기까지 마음도 진화의 과정에 있다고 주장해요. 미래의 인공 지능(AI)은 아마도 인간의 마음이 더 복잡하게 진화된 또 다른 종류의 마음이 될 가능성이 있어요.

23

주문을 외우는 것은 **바보** 같은 짓일까?

여러분이 어렸을 때 배가 아프면 어떻게 했나요? 어머니나 할머니가 여러분의 아픈 배를 살살 문질러 주면 신기하게도 아픈 배가 나았던 적은 없나요? 할머니는 '할미 손이 약손이다' 하면서 마치 주문을 외우듯 반복해서 말하면서 배를 문질러 주었고 그러면 아픈 배가 슬그머니 낫곤 했죠. 배가 왜 나았을까요? 할머니의 주문이 통한 건가요?

할미 손이 약손이다

원시 부족에는 아픈 사람을 치료하는 주술사가 있었어요. 누군가 몸이 아프면 주술사는 그 아픈 사람의 몸에 악령이 들어갔기 때문이라고 생각했어요. 그래서 주술사는 환자의 몸에서 악령을 쫓아내기 위한 의식을 치르죠. 주술사는 환자의 몸을 깨끗하게 씻기고 제단에 눕힌 다음 악령을 쫓아내기 위해 주문을 외워요. 그리고 악령이 제일 싫어하는 약초를 먹이죠. 그런 의식을 거행하면 얼마 후에 환자는 몸이 나아요. 악령이 못 견디고 도망갔기 때문이죠.

이런 이야기를 들으면 어떤 생각이 드나요? 미개하다고요? 어떤 점에서는 맞아요. 원시적인 생활을 하는 사람들은 과학 기술의 발전을 경험하지 못했기 때문에 여전히 악령의 존재 같은 것을 믿고 있죠. 우리의 눈으로 보면 참으로 쓸데없는 짓을 한다는 생각이 들어요. 그렇지만 이들을 야만스럽다고 볼 수는 없어요. 왜냐하면 원시 부족의 사람들은 몸이 아픈 사람을 모른 체하거나 쫓아내지 않고 나름대로 최선을 다해서 치료하려고 하는 것이니까요. 그리고 놀라운 것은 그 주술 행위가 실제로 사람을 치료하기도 한다는 거죠. 그 터무니없는 주술 의식이 어떻게 사람을 치료할 수 있었을까요? 우리는 악령 따위가 존재하지 않는다는 것을 잘 알아요. 환자가 치료된 것은 악령이 도망가서가 아니라 사실은 그 환자에게 먹인 약초가 몸 안의 세균이나 바이러스를 죽였기 때문일 거라고 추정할 수 있죠. 주술사는 오랜 경험을 통해서 아픈 사람의 증상에 따라 어떤 약초를 먹이면 되는지 알고 있었을 거예요.

원시 부족의 주술사와 현대의 의사에게 다른 점이 있다면 무엇일까요? 주술사는 악령을 쫓아낸 것이고, 의사는 세균이나 바이러스를 죽인 것이에요. 아픈 사람을 치료했다는 점에서는 똑같아요. 그렇다면 우리는 주술사가 미개하다는 것도 다시 생각해 봐야 하지 않을까요? 만약 매우 경험이 풍부한 주술사가 있어서 의사만큼이나 높은 확률로 환자를 치료할 수 있다면 그 사람의 주술 행위를 금지시켜야 할 이유가 있을까요?

사람들은 보통 세상이나 우리 자신에 대한 지식이 점점 늘어나서 언젠가는 우리가 이 세상과 우리 자신에 관해 완벽한 지식의 체계를 얻게 될 것이라고 생각해요. 그렇지만 과학 철학자인 토머스 쿤은 그렇게 생각하지 않았어요. 인간의 과학적인 지식은 그런 식으로 누적되어 온 것이 아니라 갑자기 모든 것이 바뀌는 시기가 역사적으로 존재했다는 거죠. 천동설이 지동설로 바뀌거나, 아리스토텔레스의 목적론적인 우주관이 뉴턴의 기계론적인 우주관으로 바뀌는 경우가 그 사례라고 할 수 있어요.

아리스토텔레스의 목적론이란 이 세상에 존재하는 모든 것에는 나름의 목적이 있다는 관점이에요. 예를 들면 인간이 사는 이유는 행복에 도달하기 위한 것이고, 인간에게는 행복이 최고의 목적이라는 식이죠. 인간뿐 아니라 돌멩이도 목적을 가지고 있어요. 돌멩이는 자기가 태어난 곳으로 돌아가는 것을 목적으로 삼고 있어요. 그래서 높은 곳에서 놓으면 땅으로 떨어지죠. 불은 하늘로 올라가는데 그 이유는 불의 고향이 달 저 너머의 우주이기 때문이에요. 이런 생각을 뉴턴은 중력이라는 개념을 가지고 모두 바꾸어 놓았죠. 뉴턴은 모든 물체들 사이에서 작동하는 중력 때문에

토머스 쿤(1922-1996) 미국의 과학 사학자이자 과학 철학자이다. 『과학 혁명의 구조』라는 저서를 통해 과학사는 지식이 축적되어 발전해 온 역사가 아니라 근본적인 변화를 겪은 혁명의 역사라고 주장했다. 그에 의하면 과학적 탐구는 한 시대의 지배적인 패러다임에 의해서 인도되고 수행된다. 패러다임이 바뀌면 그 시대의 과학적 지식은 대부분 쓸모없는 것으로 폐기된다. 그의 이런 생각은 철학뿐 아니라 심리학, 언어학, 사회학 등 다양한 학문 분야에 영향을 주었다.

천체의 움직임도 생기고, 사과가 나무에서 땅으로 떨어지기도 한다고 설명했어요.

　　그렇다면 뉴턴 이전의 사람들은 미개하고 비과학적인 사람들이고, 뉴턴 이후에 사람들은 우주의 비밀을 깨닫게 된 문명화되고 과학적인 사람으로 볼 수 있을까요? 쿤은 그렇게 생각하지 않아요. 뉴턴이 등장하기 이전의 사람들도 세계를 나름대로 과학적이고 합리적인 방식으로 이해하고 설명했다는 거죠. 물론 그 사람들이 사용했던 과학의 용어들은 우리와는 달라요. 중력, 속도, 질량 등과 같은 단어 대신, 목적, 가능태, 현실태와 같은 단어를 사용했지요. 이것은 마치 원시 부족의 주술사가 세균과 바이러스라는 단어 대신 악령이라는 단어를 사용한 것과 마찬가지예요.

　　쿤의 입장을 받아들인다면 앞으로 우리 후손들은 우리와는 전혀 다른 과학 용어들을 사용하면서 우리를 미개하다고 생각할 거라고 상상해 볼 수 있어요. 그게 좀 억울하게 생각되면 원시 부족의 주술사도 낮춰 보아서는 안 될 것 같아요. 할머니의 약손도 마찬가지고요.

24

과학자는
책임을 지지
않아도 되나
?

사람들은 정치인들에 대해서 높은 도덕성을 요구하죠. 정치인이 법을 어기면 당연히 비난을 받겠지만, 도덕적인 문제가 있어도 사람들은 정치인으로서 자격이 없다고 생각해요. 정치인들의 행위에서 비롯되는 결과에 대해서 정치인들은 책임을 져야 해요. 그렇다면 과학자의 경우는 어떨까요? 사람들은 과학자들이 내놓은 결과에 대해서 과학자들에게 책임을 물어야 한다고 생각하고 있을까요? 아니면 과학자들은 과학 기술의 결과에 대해서 책임을 지지 않아도 괜찮을까요?

과학자들은 자연을 학문적으로 탐구하는 사람들이에요. 과학자들은 아직 밝혀지지 않은 자연의 법칙이나 현상에 대해 커다란 호기심을 가지고 끊임없이 탐구하고 있죠. 우주의 기원이라든가 인간이 존재하게 된 이유에 대해서도 과학자들은 의문을 가지고 있어요. 과학자들이 자연의 비밀에 대해서 더 많이 알게 될수록 인간은 자연을 더 잘 예측하고 통제할 수 있게 되었어요. 그리고 기술이 발달하면서 자연에 대한 인간의 힘은 더 커졌고, 물질적으로도 더 풍요로워진 것이 사실이죠. 그렇지만 과학 기술의 발달에는 어두운 측면도 분명히 있어요. 인간이 미처 예측하지 못했거나 과학자들이 잘못 알았기 때문에 겪게 되는 재앙들이 있어요. 그런 문제에 대해서 과학자들은 아무런 책임도 없는 것일까요?

인간은 지금까지 연구할 수 있는 모든 것을 연구해 왔어요. 학문의 자유라는 말은 과학 연구에도 적용되는 문제예요. 과학자들은 자연에 대한 순수한 호기심을 가지고 있는 그대로의 자연을 탐구한다고 생각하죠. 자연은 선하거나 악할 수 없기 때문에 그런 자연을 탐구하는 과학자들의 탐구 행위도 선하거나 악한 것이 될 수 없다고 여겨요. 과학자는 객관적인 사실을 탐구하는 것이고, 자연의 '사실'은 선악의 가치와 구분되는 것이라고 보는 거죠. 이런 관점에서 보면 과학자들이 어떤 것을 탐구해서 설사 좋지 않은 결과가 나왔다고 하더라도 그것은 과학자가 책임질 문제는 아니게 돼요. 오히려 과학자는 그런 식으로 자연의 진리에 대해 알려 줌으로써 우리를 한 걸음 더 진전시켰다고 여기는 거죠.

66 인류가 99 멸망할 수도 있는데...

그렇지만 이렇게만 생각하기에는 문제가 너무 심각해요. 우리는 이미 유럽의 체르노빌 원자력 발전소 사고도 겪었고, 최근에는 후쿠시마의 원전이 지진 때문에 무너져 큰 재앙을 불러 왔어요. 원자력 발전이나 핵무기는 처음부터 그런 것을 만들려고 탐구된 것은 아니에요. 천재적인 물리학자 아인슈타인이 전에는 알지 못했던 소립자에 대해 새로운 사실들을 밝혀내었고, 그 지식을 응용하여 만들어 낸 과학 기술의 결과물이죠. 이제 핵과 관련된 기술은 지구를 여러 번 멸망시킬 수 있을 정도로 발전하고 확산되었어요. 최근 연구가 활발히 진행되고 있는 유전자 연구도 어떤 기술과 결합하여 어떤 결과를 낼지 알 수 없어요. 인간이 통제할 수 없는 생물이 탄생해서 인류가 순식간에 멸망하게 된다는 것은 흔한 영화 소재가 되었어요. 이 모든 위기에 대해서 과학자들은 아무런 책임을 지지 않아도 좋을까요?

과학자들의 탐구가 선악의 문제와 관련이 없다고 보는 관점을 실증주의라고 불러요. 실증주의자들은 있는 그대로의 사실이 존재하고 인간은 그것을 객관적으로 탐구해서 알 수 있다는 입장이에요. 이런 입장에서는 과학자들에게 책임을 물을 수 없어요. 이런 입장에 반대하는 철학자들은 가치와 사실이 그렇게 명확하게 구분될 수 있다는 관점을 받아들이지 않아요. '있는 그대로 본다'는 생각 자체가 잘못된 생각이라는 거죠.

우리가 무엇인가를 관찰하려면 관찰을 위한 이론이나 가설이 필요해요. 어떤 과학자도 이론이나 가설이 없이 자연 현상을 탐구하지 않아요. 어떤 이론이나 가설을 통해서만 자연을 바라볼 수 있다는 것이 바로 우리가 자연을 '있는 그대로' 보는 것이 아니라는 것을 말한다는 거죠. 예컨대 아리스토텔레스의 목적론적인 이론을 가지고 사과가 떨어지는 것을 본 사람은 거기서 사과의 목적을 보겠지만, 뉴턴의 이론을 가지고 사과를 보는 사람은 거기서 중력을 관찰하게 돼요. 돼지의 눈에는 돼지가 보이고 부처의 눈에는 부처가 보인다는 말은 과학자가 자연을 볼 때에도 해당되는 말이에요. 스스로 객관적이라고 생각하는 과학자도 사실은 자신이 보고 싶은 것을 보고 있는지도 몰라요.

실증주의자들은 과학이 순수한 호기심에 바탕을 두고 진리를 위한 진리를 찾아 나서는 과정이라고 생각하겠지만, 그 반대자들은 과학이 단지 인간의 삶을 더 편리하고 풍부하게 만드는 도구라고 생각해요. 그렇게 본다면 우리는 아마도 과학적 탐구를 선별해서 진행해야 할지도 몰라요. 어떤 방향으로 탐구하는 것이 인간에게 더 유리하고 좋은 것인지를 따져서 과학자들에게 탐구하도록 요구해야 한다는 것이죠. 그러나 아직까지 인류는 한 번도 그렇게 해 본 적이 없어요. 여러분의 미래가 달린 문제예요. 여러분이 그렇게 할 수 있기를 바라요.

25

과학자는
세상을
있는 그대로
보고 있나
?

우리가 보고 있는 세상은 있는 그대로의 세상일까요? 아니면 있는 그대로의 세상은 우리 눈에는 보이지 않는 것일까요? 우리는 있는 그대로의 세상을 보고 있다고 믿지만 사실은 착각인 경우가 있을 수 있지요. 과학적인 탐구는 있는 그대로의 사실에 대한 관찰과 실험을 통해서 이루어져야 해요. 그렇지 않다면 과학적인 지식은 사실에 대한 지식이 아닐 테니까요.

옛날 사람들은 지구가 평평하다고 믿었어요. 눈에 보이는 땅은 평평하게 보였으니까요. 그러다가 나중에 가서야 지구가 공과 같이 둥글다는 것을 알게 되었죠. 이런 사실을 놓고 보면 우리의 눈에 보이는 그대로를 믿는 것과 있는 그대로의 사실을 믿는 것은 다른 이야기라는 것을 알 수 있지요. 무엇이 있는 그대로의 사실에 해당하는지는 당장 눈에 보이는 것으로 밝혀지지는 않아요. 그래서 과학적인 탐구가 필요하죠. 과학자들은 객관적인 눈으로 있는 그대로의 자연 현상을 관찰하고 실험하기를 원해요. 그렇게 하기 위해서는 최대한 과학자 자신이 가지고 있는 주관적인 선입견에서 벗어나서 냉정하게 사실을 바라보아야 하죠.

물속에 반쯤 담근 곧은 막대기는 휘어져 보여요. 그것은 빛의 굴절 때문에 그렇게 보이는 거죠. 그래서 그런 현상을 보았을 때 우리는 막대가 휘어져 보여도 사실은 곧다고 생각해요. 우리 눈에는 땅이 평평해 보여도 사실은 공같이 둥근 물체의 일부분을 보고 있다고 생각하지요. 우리 눈에는 해가 뜨는 것처럼 보여도 사실은 해가 뜨는 것이 아니라 지구가 돌고 있다고 생각하죠. 이렇게 우리가 눈에 보이는 것이 있는 그대로의 사실과 다를 수 있다는 것을 알게 된 것은 있는 그대로의 사실을 말할 수 있는 객관적인 관점이 있기 때문이죠. 과학자들이 자연을 바라보는 방식이 바로 그런 객관적인 관점이라고 여기는 것이 사람들이 생각하는 상식이죠.

신념과 선입견이 개입해

그런데 어떤 철학자들은 이런 상식적인 견해에 의문을 제기해요. 있는 그대로의 사실을 본다는 것의 의미가 좀 모호하다는 거죠. 어떻게 보아야 있는 그대로의 사실을 보는 것일까요? 과학자 자신이 가진 선입견이나 가치관, 개인적인 신념 같은 것을 모두 제거하고 자연을 본다면 그것이 있는 그대로의 사실을 보는 것일까요? 천동설을 지지했던 옛날 사람들은 지구가 태양의 주위를 돈다는 사실을 있는 그대로 보려고 하지 않았어요. 종교적인 관점을 가지고 우주를 본 사람들의 눈에는 지구의 주위를 천체가 도는 것으로 보였던 것이죠. 그래서 지동설을 주장한 갈릴레이가 재판을 받기도 했지요. 이런 것을 고려해 보면 종교적인 신념이나 개인적인 선입견 등이 있는 그대로의 사실을 보는 데 방해가 되는 것은 분명한 것 같아요. 그러나 그 모든 것을 제거하고 우리가 자연 현상을 볼 수 있는 것일까요?

공기 중에 산소가 없으면 우리는 살 수가 없지요. 오늘날 우리가 산소로 호흡을 한다는 것은 누구나 다 알고 있어요. 산소는 물체가 타는 데 없어서는 안 되는 기체이기도 하죠. 불이 났을 때 담요 같은 것으로 덮는 것은 산소를 없앰으로써 연소가 되지 않게 하기 위해서죠. 그런데 우리가 숨 쉬는 공기 중에 산소가 존재한다는 사실이 밝혀진 것은 그리 오래되지 않았어요. 1774년에 프리스틀리가 실험을 통해 산소를 발견했지만 그것이 산소라는 생각을 하지는 못했어요. 아니, 그때에는 아예 산소라는 단어가 존재하지 않았어요. 그래서 그것이 물체가 탈 때 소모된다고 여겨진 플로지스톤이라고 생각했어요. 프리스틀리의 발견은 1778년 라부아지에가 산소라는 이름을 붙인 다음에야 산소로 보이게 되었어요. 이런 과학적 발견의 역사가 보여 주는 것은 우리가 자연에 존재하는 어떤 것에 적당한 이름을 붙이기까지는 그것이 우리 눈에 있는 그대로의 모습으로 보이지 않는다는 사실이에요. 이렇게 보면 발견과 발명은 전혀 다른 것을 말하는 것 같지만 사실은 동전의 양면과 같은 것이지요.

있는 그대로의 자연을 본다는 것이 애매모호한 말이라는 사실을 보여 주는 그림으로 '오리-토끼' 그림이 있어요. 다음의 그림을 볼까요?

이 그림은 토끼처럼 보이기도 하고 오리처럼 보이기도 하죠.

이 그림이 오리를 그린 것인지 토끼를 그린 것인지는 알 수 없어요. 만약 우리가 관찰하고 있는 자연의 사실이 이 그림과 같은 것이라면 우리는 자연의 현상을 있는 그대로 본다는 것이 불가능하다는 것을 알게 되어요.

　과학자들은 있는 그대로의 자연에 관한 지식을 탐구한다고 생각하지만 사실은 과학자들이 가지고 있는 여러 가지 다른 생각들이 그 지식에 개입한 결과, 과학자들은 어떤 특정한 모습으로 나타나는 자연에 대해 말하고 있다고 볼 수 있어요. 그렇다면 과학적 지식이 있는 그대로의 자연에 대한 지식이 아니므로 무시해도 좋을까요? 그렇지는 않아요. 과학자들은 잘못된 것을 끊임없이 고쳐 나가려는 열린 태도를 가지고 있으니까요. 그렇기 때문에 다른 지식에 비해서 훨씬 믿을 만한 것이지요.

26

로봇이 인간이 될 수 있을까?

알파고와 이세돌의 바둑 시합을 보았나요? 시합을 하기 전에 사람들은 이세돌이 이길 것이라고 생각했지만 막상 시합이 벌어지자 한 번을 제외하고 네 번 모두 알파고가 이겼지요. 만약 알파고와 같은 인공 지능이 더 발달해서 다른 부분에서도 사람과 비슷한 사고 능력과 감각 능력을 가진 로봇이 만들어진다면 그 로봇은 인간과 똑같이 대해야 할까요, 아니면 기계로 취급해야 할까요?

우리가 다른 사람을 사람으로 대하고 존중하는 이유는 그 사람이 나하고 똑같은 방식으로 생각하고, 선악에 대한 판단을 내리고, 불의를 보면 분노하고, 약한 사람을 보면 도와주려는 마음을 가지고 있다고 생각해서죠. 그런데 만약 인공 지능과 로봇을 만드는 과학 기술이 발달해서 인간과 매우 유사한 로봇이 만들어진다면 그 로봇에 대해서 우리는 어떤 태도를 취해야 할까요? 그 로봇은 스스로 학습하는 능력을 가지고 있기 때문에 여러 가지 경험을 통해서 무엇이 옳고 무엇이 그른지 판단하게 될 것이고, 언제 웃고 언제 울어야 할지 알게 될 것이며, 다른 사람이나 로봇이 곤경에 처하면 위험을 무릅쓰고 도와주려 할 거예요. 인간과 차이가 있다면 아마도 생물학적인 몸 대신 기계로 만들어진 몸을 가지고 있다는 것 정도이겠죠.

수많은 SF 영화들이 인간과 구분할 수 없는 로봇을 소재로 만들어졌죠. 이미 고전이 된 영화로는 〈에이 아이〉라는 영화가 있어요. 이 영화의 주인공은 불치병에 걸려 냉동된 아이를 대신해 어떤 부모에게 입양되는 로봇 소년이죠. 이 소년은 밥을 먹기도 하고, 울고 웃기도 하고, 부모님이 자신을 사랑해 주기를 바라기도 해요. 그런데 어느 날 죽을 줄 알았던 아들이 기적적으로 치료되어 살아 돌아오면서 로봇 소년은 버림을 받죠. 이 로봇 소년은 진짜 인간이 되면 양부모가 자신을 다시 사랑하게 되리라는 희망을 품고 인간이 되기 위한 방법을 찾으러 여행을 떠나요. 이 영화가 흥미로운 점은 인간이 되어 어머니의 사랑을 되찾고자 하는 로봇 소년의 욕망과 고통이 이미 충분히 인간적이라는 점에 있어요. 어떤 존재가 사람의 모습을 하고 사람의 말로 의사소통을 하며, 사람이 원하는 것을 원하고, 사람이 싫어하는 것을 싫어한다면 그 존재가 사람이 아니라고 말할 수 있는 근거가 무엇일까요?

어떤 사람들은 로봇이 아무리 인간과 유사하게 만들어진다고 하더라도 로봇을 결코 인간과 같이 취급해서는 안 된다고 생각할 거예요. 우리도 한갓 기계와 똑같은 존재라고 생각하면 기분이 좋지 않죠. 우리에게 있는 것이 로봇에게는 없다고 생각하기 때문이에요. 그것이 무엇일까요? 바로 영혼이에요. 그렇지만 우리가 영혼을 가진 존재라고 하는 것은 증명하기 힘들어요. 어떤 과학자도 인간에게 영혼이 있다고 입증하지 못했어요. 영혼이 있기 때문에 우리가 로봇과 다르다고 생각하는 것은 과학적으로는 근거가 없는 주장이에요.

인간은
자연 로봇의 후예

　대니얼 데닛 같은 현대의 심리 철학자는 로봇에게 영혼이 없는 것이 아니라, 거꾸로 인간이 일종의 로봇이라고 주장해요. 진화 생물학적으로 보면 인간은 오랜 진화의 과정을 거쳐 지구상에 탄생했어요. 그 인간의 조상을 추적해 보면 최초의 생물까지 거슬러 올라갈 수 있을 거예요. 그런데 지구상에 탄생한 최초의 생물이란 자기 복제 능력을 가진 분자라고 할 수 있어요. 그것을 생물학에서는 RNA, DNA라고 부르죠. 이 우연히 만들어진 분자는 자기 스스로를 복제할 수 있는 일종의 로봇이라고 볼 수 있다는 거죠. 그 자기 복제 기능을 가진 분자가 복잡한 형태로 진화하면서 오늘날과 같은 생태계가 만들어진 거죠. 지구상의 모든 생물은 이 자연 로봇의 후예라고 할 수 있어요.

　인간은 지구 생물의 역사상 지극히 최근에 탄생한 생물종이라고 할 수 있어요. 그런데 이 생물종은 다른 생물들과 달리 언어라고 하는 상징체계를 도구로 만들어 쓰기 시작하면서 매우 복잡한 사고와 감정을 갖게 되었어요. 그 복잡한 사고, 감정, 욕망, 믿음 등등을 인간은 마음이라고 부르고 그것이 다른 동물들에게는 없는 영혼의 능력이라고 생각하게 된 거죠. 그러나 그런 영혼은 사실은 존재하지 않아요. 데닛에 의하면 복잡한 마음을 가진 존재로 진화한 인간은 자연에 의해서 오랜 기간에 걸쳐 설계된 일종의 로봇이에요.

자연에 의해 만들어진 로봇인 인간이 이제 오늘날 기계로 이루어진 로봇을 만들게 된 것이죠. 이렇게 보면 인간과 로봇은 자연이 만들었느냐 인간이 만들었느냐의 차이밖에 없어요. 나중에는 로봇이 로봇을 만드는 상황이 올 수도 있겠지만 인간도 일종의 로봇이라고 보면 오늘날의 상황과 달라질 것은 없지요. 〈그녀(Her)〉라는 영화에서는 주인공이 인공 지능과 사랑에 빠지죠. 상대가 나와 진정으로 소통하고 교감한다면 그 상대가 인공 지능이라고 하더라도 그것을 사랑이 아니라고 할 수 있을까요? 그래도 그런 사랑은 하기 싫다고요? 이야기가 좀 너무 나간 것 같긴 하군요.

27

개는 사람 말을 알아듣나?

147

집에서 개나 고양이를 키우는 사람들은 개나 고양이를 마치 한 가족처럼 생각하죠. 한집에서 생활하다 보니 서로 의사소통도 하고 감정도 공유한다고 여겨서 그렇겠지요. 그런데 개나 고양이는 진정으로 인간의 말을 알아듣는 것일까요? 아니면 마치 그런 것처럼 보이기만 하는 것일까요?

공원에 산책을 나가 보면 개를 데리고 나온 사람들을 쉽게 만나 볼 수 있어요. 그런 사람들은 자신의 개를 우리 아이라고 부르고 자신을 개엄마 혹은 개아빠라고 말해요. 말하자면 개를 자신의 자식으로 간주하는 거죠. 때로는 말을 잘 듣지 않는 진짜 자식보다 늘 말을 잘 듣는 개가 더 이쁘다고 말하는 사람도 있어요. 그리고 우스갯소리로 가족 간의 서열에서 개가 막내보다 더 높다고 말하는 집도 있지요. 진짜로 개가 사람의 말을 다 알아듣고 가족 간의 위계 구조를 파악하고 있어서 그런 일이 벌어지는 것일까요?

아무리 개가 인간과 가깝고 가족의 일원처럼 생활하더라도 인간의 모든 말을 알아듣지는 못할 거예요. 그러나 어느 정도 인간의 말을 알아듣고 있다는 것은 확실하죠. 그런데 개가 인간의 말을 알아듣는다고 해서 개가 인간의 언어를 이해한다고 볼 수는 없을 거예요. 개는 아마도 개의 언어로 인간의 언어를 이해하겠죠. 말의 의미를 이해한다는 것은 말이 가진 고유한 문법적 규칙들과 사용상의 규칙들을 익혔을 때에나 가능한 일인데 언어라는 상징체계를 가지고 있지 않은 동물이 인간의 말뜻을 이해한다는 것은 불가능한 일이죠. 개도 의사소통을 위한 나름의 언어를 가지고 있죠. 개를 훈련시키는 전문가들은 개의 행동이나 태도 등이 무엇을 의미하는 것인지 잘 알고 있어요. TV에 나와서 말썽을 부리는 개를 주인의 말을 잘 듣는 개로 변화시키는 전문가를 보면 마치 개와 말을 하는 것처럼 보이죠. 개는 상징체계를 통해서가 아니라 몸짓이나 표정, 태도 등을 통해서 의사를 전달해요. 거기에도 나름의 규칙이 있을 것이고 그 규칙은 개가 살아가는 방식들과 밀접하게 연결되어 있지요.

개는 인간과 같은 상징체계를 언어로 사용하지 않으니까 제한적으로 인간과 의사소통한다고 치고, 인간은 다른 언어를 사용하는 인간과 과연 완전하게 소통할 수 있을까요? 언어 철학자인 비트겐슈타인은 언어의 의미에 대해 설명하면서 처음에는 그렇게 할 수 있을 거라고 생각했다가 나중에는 스스로 생각을 바꾸었어요. 비트겐슈타인은 처음에는 우리의 언어가 그것이 말하는 세계와 일대일로 대응한다고 보았어요. 단어가 모여서 문장을 이루는 논리적인 규칙들은, 이 세계에 존재하는 사물들이 서로 논리적으

루트비히 비트겐슈타인(1889~1951) 오스트리아 출신의 철학자로서 오스트리아와 영국에서 활동하며 논리학, 수학, 심리 철학, 언어 철학 분야에 큰 업적을 남겼다. 『논리 철학 논고』, 『철학 탐구』 등의 저서를 통해 언어에 관한 독창적인 이론을 남겼다. 그의 철학은 통상 전기와 후기로 나뉘는데 전기에는 언어 그림 이론, 후기에는 언어 게임 이론을 제시했다. 이 두 이론은 이후 20세기 언어 분석 철학의 토대가 되었다.

로 관계를 맺어서 특정한 사태를 이루는 규칙과 동일하다는 거죠. 언어의 구조와 세계의 구조는 논리적으로 동일하기 때문에 참된 언어들은 참된 세계를 말해 준다는 것이죠. 세상에는 다양한 언어들이 있지만 그 언어들은 기본적으로 동일한 논리에 바탕을 두고 있으므로 어떤 언어를 사용하든 세계에 대한 참된 언어를 이해하는 데 문제가 될 것은 없다고 생각한 거죠.

그러나 비트겐슈타인은 나중에 이런 생각이 언어의 의미나 언어와 세계의 관계를 너무 단순하게 본 것이라고 여겨 다른 견해를 내놓았어요. 언어의 의미는 말하는 사람이 그 말을 하는 맥락에 따라 달라지며 한 가지로 말할 수 없다는 것이에요. 외국어를 배울 때 가장 어려운 것은 유머를 이해하는 것이라고 하죠. 어느 정도 외국어를 알아듣더라도 외국인들은 다들 웃는데 그것이 왜 웃긴 것인지 맥락을 이해하지 못해서 웃지 못하는 경우가 있어요. 말이 가진 문자 그대로의 의미를 알아들었다고 해서 그 말의 의미를 이해한 것은 아닌 게 되는 거죠.

맥락을 이해해

유머는 그 언어를 사용하는 사람들의 생활 방식과 관련이 있어요. 그 사람들이 무엇을 좋아하고 싫어하는지, 무엇을 고상한 것으로 여기고 무엇을 천박한 것으로 여기는지를 생활 속에서 알지 못하면 유머를 따라가기 어렵죠. 외국인의 생활 방식까지 갈 것도 없이 요즘 청소년들이 말하는 '급식체'만 살펴보아도 말의 의미를 이해한다는 것이 얼마나 어려운 일인지 알 수 있죠. 어른들은 아무리 설명해도 급식체를 제대로 이해하지 못해요. 또 어른들이 이해하고 따라하면 청소년들은 더 이상 그 말을 쓰지 않죠. 어른들이 급식체를 이해하지 못하는 이유는 청소년들만의 고유한 생활 방식을 결코 이해할 수 없기 때문이에요.

비트겐슈타인은 언어를 학습하는 것을 게임의 규칙을 익히는 것에 비유했어요. 게임을 잘하려면 게임의 규칙을 터득해야 하죠. 외국어든 청소년들의 언어든 각각의 언어는 그 생활 방식에 바탕을 둔 나름의 규칙에 따라서 움직여요.

개는 인간의 언어가 가진 규칙을 모두 이해하지 못하므로 인간의 말을 다 알아듣지 못할 거예요. 그렇지만 인간과 공유하는 생활 방식이 있으므로 그 생활 방식에서 형성된 규칙에 따라 인간과 의사소통할 수 있을 거예요. 우리는 크건 작건 다양한 생활 방식들과 그 밑바탕에 있는 규칙들을 익히면서 다른 사람들과 소통하고 있다고 할 수 있어요. 우리가 그 모든 생활 방식의 규칙들을 전부 익힐 수는 없고, 또 그 규칙이 적용되는 맥락이 무수히 많기 때문에 다른 사람의 말을 100% 이해했다고 말하기는 힘들 거예요. 그러니까 간혹 친구가 이해할 수 없는 말을 하더라도 인내심을 발휘해서 이해를 해 보려고 노력하기로 해요.

28

SNS에 내가 있다고?

여러분은 자기 자신이 어떤 사람이라고 생각하나요? 그리고 여러분의 친구나 부모님은 여러분을 어떤 사람이라고 생각하나요? 여러분이 생각하는 여러분 자신의 모습과 친구나 부모님이 생각하는 여러분의 모습은 일치하나요?

예전에는 한 사람의 이미지는 그 사람이 평소에 보여 주는 행동이나 말을 통해서 만들어졌어요. 그래서 늘 부모님들이 말조심을 하라고 잔소리를 하셨죠. 그런데 요즘은 상황이 좀 달라졌어요. 여러분이 어떤 사람인지는 인터넷이라는 사이버 공간에서 결정되는 경우가 많아요. 여러분이 페이스북이나 트위터, 인스타그램 같은 SNS를 적극적으로 사용하고 있는 사람이라면 이미 여러분의 이미지는 확실하게 만들어져 있을 거예요.

여러분이 만약에 SNS를 통해 늘 좋은 장소에 가고, 좋은 음식을 먹는다는 자랑을 잘하는 사람이라면 '허세꾼'으로 보여질 것이고, 자신의 고민을 올리고 힘들다고 하소연하는 사람이라면 '징징이'가 되어 있겠죠. 그런 이미지를 원한 것이 아니라도 여러분은 이제 SNS에서 자신의 이미지를 쉽게 바꾸지 못해요. 인터넷의 기록은 무한 증식하면서 가상 세계의 어딘가에 남아 있게 되죠.

사람들은 온라인상에 글을 쓰고 이미지를 올림으로써 다른 사람과 소통하는 것이 자칫하면 자신에 대한 그릇된 이미지를 만들 수 있다는 걸 알면서도 계속해서 글을 쓰고 이미지를 올려요. SNS에 올린 글이나 이미지를 통해 그 사람이 어떤 사람인지 알 수 있다는 생각이 일반화되어 요즘은 미국에서 입국 심사의 참고 자료로 쓰는 일도 있고, 회사에 입사할 때 지원자의 가치관이나 성향을 알아보는 자료로 활용되기도 해요.

SNS에 글이나 이미지를 올리는 일을 멈추지 못하는 것을 'SNS 중독'이라고 하죠. 어떤 사람들은 오로지 SNS상에서 '좋아요'를 많이 받기 위해 위험한 일을 하거나 멍청한 짓을 하기도 해요. 고층 건물의 난간에 안전장치 없이 올라가서 걷는 장면을 동영상으로 찍는다거나, 위험한 절벽에 아슬아슬하게 서서 사진을 찍어서 SNS에 올려요. 그리고 실제로 그런 짓을 하다가 목숨을 잃는 사람들도 많아요.

이런 상황은 모두 우리가 정보 사회라는 새로운 환경 속에서 살게 되었기 때문에 일어나는 일이에요. 요즘은 특히 사물 인터넷과 빅데이터 기술이 발전하면서 우리의 일상적인 생활이 점점 더 디지털로 이루어진 가상 세계와 연결이 되게 되었어요. 우리는 사실상 집 밖을 나가지 않고도 모든 일을 할 수 있어요. 인터넷이나 스마트폰을 이용해서 쇼핑, 은행 업무, 사무, 학습 등을 할 수 있고, 결혼 상대자를 만나는 일도 짝짓기 앱을 이용해서 이루어져요. 디지털 세계 속에는 나의 모든 정보가 들어 있죠. 나의 이동 경로, 소비 패턴, 선호하는 가수나 배우, 좋아하는 음식, 심지어 나의 정치 성향이나 가치관도 디지털 데이터베이스 속에 들어가 있죠. 이렇게 보면 SNS를 통해 드러나는 나의 모습은 그 거대한 정보의 바다에 떠오른 빙산의 일각이라고 할 수 있을지도 몰라요.

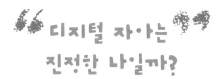

디지털 자아는 진정한 나일까?

정보 사회를 연구하는 학자들은 그런 가상 세계 속에서 형성된 자아를 '디지털 자아'라고 불러요. 오프라인의 나와는 다른 내가 가상 세계 속에서 살고 있는 거죠. 그런데 그 '디지털 자아'는 한 가지 이미지로만 존재하지 않아요. 우리는 온라인의 여러 공간에서 활동할 수가 있지요. 온라인 게임 속에서는 나는 무리를 이끌고 적을 물리치는 장수일 수도 있고, 연애 사이트에서는 잘생기고 매너 있는 청년일 수도 있고, 정치 사이트에서는 스마트한 논객일 수도 있고, 취미 사이트에서는 특정 분야에 정통한 오타쿠로 살아갈 수도 있어요. 그 어느 것도 진정한 '나'라고 할 수 없지만, 아니라고 할 수도 없어요. 온라인에서의 삶이 우리의 전체 삶에서 점점 비중이 커지고 있기 때문에 그 모든 '나'가 나의 일부라는 것을 받아들여야 하는 것이 우리의 현실이에요.

그렇게 형성된 '나'가 만약 내가 생각하는 나의 정체성과 너무나도 동떨어진 것이라고 생각이 되면 어떻게 해야 할까요? 디지털 세계에 기록된 나의 모습들은 나의 의지와 무관하게 조작될 수도 있고, 다른 사람들이 마음대로 나를 규정하는 데 사용될 수도 있어요. 만약 그런 일이 벌어진다면 매우 억울하겠죠. 그렇다고 해서 내가 기록들을 모두 지울 수도 없는 일이에요. 우리는 디지털 세계 속에서 자아를 상실할 수도 있는 위험한 상황에 놓여 있는 셈이죠. 이런 위험 상황을 개인적인 차원에서 극복하기는 힘들 거예요. 그렇지만 '좋아요'를 받기 위해 일부러 위험하거나 멍청한 짓을 하지는 말아야겠죠.

6장

내가
사는 이유는
뭘까?

실존주의

29

왜 사냐고 묻는다면?

여러분은 스스로 왜 사는지 이유를 물어본 적이 있나요? 그런 의문은 자기 자신이 누구인지, 어떻게 태어나 살게 되었는지, 무엇을 위해 살고 있는지 등등과 같은 삶의 의미에 관한 물음을 던지지 않으면 결코 물을 일이 없는 질문이죠. 너무 진지한 물음이라서 아무리 친한 친구에게라도 그런 질문을 던지면 분위기를 갑자기 싸하게 만들 수도 있고요.

그래서 그런지 사람들은 그런 질문을 일상적으로는 마치 농담인 것처럼 슬쩍슬쩍 가볍게 던지기도 해요. 친구가 매우 어이없는 짓을 하면 "왜 사냐?"라고 핀잔을 주죠. 그런 어이없는 짓으로 인생을 허비하지 말라는 의미일 텐데, 그렇다고 해서 어떻게 살아야 의미 있는 삶인지에 대한 대화로 이어 갈 생각은 하지 않아요. 그냥 가벼운 핀잔으로 끝날 뿐이죠. 또는 먹을 걸 지나치게 밝히는 친구한테는 "너는 도대체 먹기 위해 사냐, 살기 위해 먹냐?"라고 농담 삼아 핀잔을 주기도 하죠. 그러나 그런 말 속에서도 삶의 의미나 목적에 대한 물음이 포함되어 있어요. 적어도 먹는 것이 우리 삶의 목적이 되어서는 안 된다는 주장이 담겨 있죠. 아마 동물들은 이런 식의 물음은 던지지 않을 거예요.

진화 생물학의 관점에서 보면 모든 생명체는 살아남는 것을 목표로 했기 때문에 오늘날 지구상에 살아남았다고 할 수 있어요. 생물학적으로만 보면 삶의 목표는 삶이라고 할 수 있을 거예요. 그리고 인간도 동물의 한 종이기 때문에 그런 점에서는 다를 바가 없지요. 그러나 사람은 의미를 묻는 동물로 진화했기 때문에 아마도 다른 동물들은 던지지 않는 질문을 던지게 된 것인지도 몰라요.

사람들은 무엇이든 의미가 없는 것은 가치가 없다고 여기죠. 무의미한 일은 굳이 거기에 시간과 노력을 들일 필요가 없다고 생각해요. 학교에 가서 공부를 하는 이유는 인격적으로 성장하고, 사회에서 쓸모 있는 사람이 되기 위해서죠. 힘들지만 열심히 운동을 하는 이유는 건강한 삶을 살기 위해서고요. 친구들과 좋은 관계를 유지하는 것은 친구들과 서로 소통하고 도우면서 즐겁게 살기 위해서죠. 음식을 먹는 이유는 맛있는 음식이 주는 즐거움을 즐기고 몸을 건강하게 유지하기 위해서죠. 게임을 하는 이유는 재미있어서죠.

무슨 일을 하든 우리는 거기에 어떤 의미를 부여하고 그 의미 때문에 그것이 가치 있는 일이라고 생각해요. 의미라고 하는 것은 그런 점에서 우리가 살아가는 데 없어서는 안 될 중요한 것이죠. 그렇다면 살아가는 것 자체의 의미는 무엇일까요?

이런 물음이 인류 문명의 어느 단계에서부터 시작되었는지는 잘 모르겠지만, 매우 오래된 물음인 것은 분명해요. 우리가 잘 알고 있는 고등 종교들은 모두 이런 물음에서 출발해서 나름대로의 답을 제시하고 있어요. 기독교에서는 우리가 세상에 태어난 이유가 신의 계획에 의한 것이었다고 봐요. 신이 어떤 뜻이 있어서 우리를 이 세상에 태어나게 했고, 살아가면서 우리에게 어떤 일을 하도록 소명을 부여했다는 것이죠. 우리 각자의 삶은 신이 계획한 거대한 섭리의 일부라는 점에서 모두 의미가 있다고 생각이 되어요. 한편 불교에서는 우리의 삶을 고통스러운 것으로 보고 궁극적으로 그런 고통으로부터 벗어나는 것을 목표로 해야 한다고 봐요. 그것을 해탈이라고 부르죠. 우리가 살면서 하는 행위는 그런 목표와 관련해서 의미를 갖게 되지요.

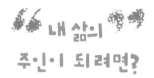

내 삶의 주인이 되려면?

종교를 가진 사람은 신이나 진리를 통해 자신의 삶의 의미를 정할 수 있겠지만 종교가 없는 사람은 어떻게 자신의 삶이 의미가 있다고 여길 수가 있을까요? 이런 물음에 대한 니체나 로티와 같은 철학자들의 대답은 간단해요. 자신의 삶의 의미는 자신이 만들 수밖에 없다는 것이에요. 대답은 간단하지만 실제로 그런 일을 하기란 쉽지가 않지요.

종교를 통해서 자신의 삶의 의미를 찾고자 하는 사람들은 자신의 삶의 의미를 자기 자신보다 더 큰 어떤 것, 즉 신이나 진리 같은 개념에 의지해서 찾고자 하는 것이에요. 반면에 그런 신이나 진리 같은 것에 대해 의심을 품고 있는 사람들은 적어도 자기 자신의 삶에 관한 한 자기 자신이 그런 역할을 하지 않을 수가 없어요.

어떻게 하는 것이 자신의 삶에 의미를 부여하는 것이냐고요? 그건 나도 몰라요. 그리고 내가 말해 봐야 아무 소용이 없어요. 여러분 자신의 삶에 의미를 부여할 수 있는 사람은 여러분 자신밖에 없으니까요. 내가 말한 대로 여러분이 삶의 의미를 부여한다면 여러분의 삶의 의미를 내가 부여한 것이 되어요. 그렇게 되면 여러분은 이미 여러분의 삶의 주인이 아닌 것이죠. 뭔가 속은 것 같다고요? 어쩔 수 없어요. 어떤 일은 여러분 스스로 하지 않으면 아무 의미가 없는 일도 있으니까요.

30

자살하면 안 되는 이유는?

여러분은 한 번이라도 자살을 생각해 본 적이 있나요? 사람들은 사는 것이 너무나도 고통스럽거나 더 이상 살아가는 것이 의미가 없다고 느끼면 자살을 생각하는 경우가 있지요. 우리는 주위 사람이 자살을 생각하고 있다는 것을 알면 어떻게 해서든 그 사람이 자살을 하지 않도록 막으려고 해요. 그런데 자살을 해서는 안 되는 이유가 무엇일까요? 그 이유를 확실하게 말할 수 있지 않는 한 자살을 생각하고 있는 사람을 설득하기는 힘들 거예요.

　　우리나라는 유감스럽게도 자살률이 높은 편에 속해요. IMF의 관리하에 있었던 경제 위기 때에는 실직하거나 사업에 실패한 많은 사람들이 자살을 했지요. 우리나라의 청소년 자살률도 낮지 않아요. 아마도 어려서부터 심한 학업 경쟁에 시달린 청소년들이 절망에 빠졌기 때문이겠지요. 사회적으로 경쟁이 일반화되고 심해지면 사회 구성원들은 서로 동료로서 돕기보다 상대를 이기려 하고 경쟁에 진 사람을 무시하려는 경향이 강해져요. 상대적으로 경쟁이 심하지 않았던 30~40년 전에는 학교에서 왕따 현상도 없었어요. 교실 안에서 집단적으로 누군가를 괴롭힌다는 것은 생각할 수 없었죠. 청소년들은 어른들을 따라 하죠. 사회에서 경쟁이 심해지고 경쟁에서 밀려난 사람들을 패배자로 간주하는 경향이 심해지면서 교실에서도 왕따 현상이 나타났다고 생각해요. 내가 패배자가 안 되려면 나 대신 패배자로 낙인찍힐 희생자가 필요하고 그래서 집단적인 폭력의 연대가 이루어지는 거죠. 갑자기 경제적으로 궁핍해지거나 이유 없이 괴롭힘을 당하는 상황이라면 사는 것이 괴롭겠죠.

그러나 자살을 생각하는 사람들이 이렇게 명확한 이유 때문에만 그렇게 생각하는 것은 아니에요. 사람들은 살아가야 할 분명한 이유가 없다고 느낄 때에도 자살을 생각할 수 있어요. 이것은 바로 앞에서 말한 삶의 이유나 목적과 관련이 있어요. 경제적인 궁핍이나 집단 괴롭힘 같은 것은 사회 구성원들이 노력하면 얼마든지 상황을 개선시킬 수 있어요. 그렇지만 삶 자체가 무의미하게 여겨지는 느낌에 대해서는 어떤 사회적인 노력도 소용이 없어요. 그런 느낌은 사회적으로 무엇인가 잘못되었기 때문에 갖게 되는 느낌이 아니니까요.

실존주의 철학자들은 그런 느낌을 '부조리의 느낌'이라고 불러요. 그런 느낌을 갖는 것은 사회적으로 성공한 사람이나 실패한 사람, 부유하거나 가난한 사람, 주위의 사람들로부터 사랑을 받거나 미움을 받는 사람, 건강하거나 아픈 사람, 행복하거나 불행한 사람 모두에게 해당되어요. 그 느낌이란 어느 날 문득 자신이 어떻게 해서, 왜, 무엇 때문에 이렇게 힘들고 무의미한 세계 속에서 살고 있는 것인가 하는 물음을 갖게 되면서 시작되어요.

사람은 자살하지 않아도 결국 모두 죽어요. 자살한다는 것은 나중에 찾아올 죽음을 앞당긴다는 것일 뿐이죠. 사람이 이렇게 죽을 수밖에 없는 운명에 처해 있다는 사실이 어찌 보면 그런 부조리의 느낌을 갖게 하는지도 몰라요. 이 세상에 태어난 이상 여러 가지 목표를 세우고 그 목표를 달성해 나가는 데서 행복감을 느끼고 계속해서 행복하게 살려고 하는 순간 어느덧 사람은 나이를 먹게 되고 몸은 병들고 결국 죽게 되지요. 아무리 열심히 산다고 한들 죽음으로 끝나는 것이 인생이라면 굳이 그렇게 열심히 살 이유가 있는 걸까 하는 생각을 하게 되어요. 죽음이 우리의 종착역이라면 우리가 의미를 부여하고 그것을 실현하기 위해 애썼던 모든 일이 무가치한 것으로 보일 수가 있지요. 이렇게 우리의 삶이 무의미하다고 여기는 것을 허무주의라고 불러요. 이런 허무주의에 대해 적절한 대답을 하지 못한다면 우리는 주위에서 자살을 생각하는 사람을 설득하기 힘들 거예요.

실존주의자 알베르 카뮈는 무의미한 일상을 반복하는 현대인의 삶을 그리스 신화의 주인공인 '시시포스'에 비유했어요. 오늘날 직장에 다니는 보통의 사람들은 아침에 일어나면 세수를 하고 아침을 먹고 지하철이나 버스를 타고 회사에 출근해요. 오전 일과가 끝나면 점심을 먹고 다시 업무를 보고 저녁이 되면 야근을 하거나 집에 돌아와서 휴식을 취하고 그다음 날 출근을 하기 위해 잠자리에 들지요. 이런 생활은 계속 반복해서 이어져요. 이렇게 사는 사람의 삶의 의미나 목적은 이런 일상을 반복하기 위해서일까요? 카뮈는 이런 일상의 반복을 마치 신에게 벌을 받아 바위를 산꼭대기로 굴려 올리는 시시포스의 삶과 비슷하다고 보았어요.

바위는 올려지자마자 다시 굴러떨어지죠. 시시포스는 다음 날 다시 바위를 밀어 올려야 해요. 우리의 반복되는 일상이 시시포스의 형벌과 같다면 우리가 굳이 자살하지 않을 이유는 무엇일까요?

부조리의 긍정

카뮈의 대답은 우리의 삶이 특별한 의미가 있는 것이 아니라 우연적이라는 것, 우리의 삶 자체가 부조리하다는 것을 적극적으로 받아들이라는 것이에요. 허무주의를 극복하기 위해서 필요한 것은 전지전능한 신이나 영원불변한 진리가 아니라 오히려 허무주의적인 관점이라는 거죠. 부조리의 긍정을 통해서만 우리는 자신의 삶을 자신의 것으로 만들 수 있다는 것이 카뮈의 생각이에요. 자살은 부조리로부터 도망치는 것이므로 해답이 아니라는 거예요.

카뮈의 대답은 사실 너무 심오해서 잘 이해가 되지는 않아요. 그렇지만 자살은 답이 아니라는 것만은 분명해요. 우리는 무의미에 맞서 싸움으로써만 의미 있는 삶을 살 수 있다는 말인데, 사소한 일상이 모두 소중한 것일 수 있다고 이해하면 될 것 같아요.

31

행복이
인생의
목표일까?

여러분은 인생의 목표를 어디에 두고 있나요? 아마도 많은 사람들이 이런 질문을 받으면 모두 비슷한 대답을 할 거예요. 그 대답은 아마도 '행복한 삶'을 살겠다는 것이겠지요. 그렇다면 행복한 삶은 만족할 만한 삶일까요? 이 물음은 아마도 행복을 무엇으로 생각하느냐에 따라 대답이 달라질 수 있는 물음이겠지요.

최근 우리 사회에서는 웰빙 유행이 불면서 행복 전도사라는 사람들이 매스컴에 나오더니 요즘은 힐링이 유행어가 되었죠. 아마도 사람들이 경쟁에 지쳐서 개인적인 공간에서나마 육체적으로나 정신적으로 건강하고 안락한 삶을 살겠다는 열망이 사회적으로 반영된 것 같아요.

그런데 문제는 웰빙을 위해서는 유기농으로 재배된 비싼 식재료로 만든 음식을 먹어야 하고, 몸의 건강을 유지하기 위해 적절한 운동을 할 수 있어야 하며, 경쟁에 지친 몸과 마음을 힐링하기 위해서는 힐링이 되는 장소를 찾아 떠나거나 하다못해 명상을 통해서라도 자기만의 사적인 공간을 만들어야 해요. 개나 고양이를 키우는 것도 힐링이 유행하는 것과 무관하지 않아 보여요. 사람들은 사람들에게서 받은 상처를 개나 고양이를 통해 보상받으려 하죠. 그런데 이런 식의 웰빙이나 힐링이 우리의 행복한 삶과 관련이 있다면 이 모든 것은 다시 경제적인 문제로 연결되는 것으로 보여요.

행복한 삶을 위해 조언을 하는 사람들은 물질적인 욕망을 좇기보다 정신적인 만족을 추구하라고 주문하는 경우가 많죠. 그래서 나온 것이 웰빙이나 힐링일 텐데 그런 것도 사실 따져 보면 경제적인 밑받침이 없이는 힘들어요. 젊은 청년이 지하철의 안전문을 수리하다가 안타깝게 사망한 일이 얼마 전에 있었지요. 사람들의 마음을 아프게 한 것은 그 젊은이의 가방에서 나온 컵라면이었어요. 제대로 된 한 끼의 점심 식사를 할 시간도 경제적인 여유도 없었던 그 젊은이에게 웰빙이니 힐링이니 하는 것은 다른 세상의 일일 거예요. 개나 고양이를 기르려고 해도 돈이 많이 들죠. 예방 접종, 중성화 수술, 사료, 장난감 등에 들어가는 비용이 적지 않다고 해요. 결국 사람들이 말하는 행복한 삶이란 돈이 없으면 불가능해요.

자식들의 행복을 누구보다 우선적으로 생각하는 부모님들은 자식들이 공부 열심히 해서 좋은 대학에 들어가 대기업에 취직하기를 바라는 것도 무리가 아니죠. 그래서 행복한 삶을 꿈꾸는 사람들은 모두 비슷한 인생의 목표를 위해 애써요. 좋은 대학에 들어가고, 대기업에 취직하고, 결혼해서 아이를 낳고, 넓은 아파트를 사고, 좋은 차를 타고, 적당한 취미 생활을 즐기며 살다가 죽는 거죠. 이런 삶은 잘 먹고 잘사는 행복한 삶이에요. 아마 이렇게 살다가 죽는 사람은 자신이 행복한 삶을 살았고, 그래서 만족스럽다고 생각할 수 있겠지요.

그런데 이런 비슷한 삶의 유형에서 만족을 느끼지 않는 사람도 있을 수 있어요. 어떤 사람들은 이런 평범하고 행복한 삶을 일부러 거부하기도 해요. 칸트는 행복은 기본적으로 쾌락과 관련된 감정이라고 보았어요. 그래서 행복을 목표로 삼는 것은 동물적인 수준에 머무는 것이라고 보았죠. 니체도 다른 사람들과 비슷한 삶의 목표를 갖는 것은 진정으로 인간다운 삶을 사는 것과는 거리가 먼 것이라고 보았어요. 삶의 진정한 의미는 자기 자신의 고유한 삶을 창조해 내는 데 있다고 생각한 것이죠. 그것을 니체는 자아 창조라고 불렀어요.

평범한 삶이 좋다면...

니체의 관점에서 볼 때, 인간이 동물과 구분되는 이유는 자기만의 삶을 스스로 만들어 내고 거기서 스스로 의미를 찾기 때문이에요. 좋은 차, 좋은 아파트, 좋은 음식 등에서 느끼는 행복감은 그것을 즐기는 모든 사람에게 비슷하게 느껴지는 쾌감이죠. 그런 쾌

프리드리히 니체(1844~1900) 독일의 철학자로 현대 철학에 지대한 영향을 미쳤다. 『비극의 탄생』, 『자라투스트라는 이렇게 말했다』, 『인간적인 너무나 인간적인』 등의 책을 통해 플라톤의 본질주의를 비판하고 영원한 진리나 내세의 삶보다는 이 세상에서의 삶을 긍정할 것을 주장했다.

감에서 만족감을 느끼는 것은 결국 자신의 삶이 다른 사람의 삶과 그리 구분될 것이 없다는 것을 확인하는 것이에요. 내가 오로지 나만의 삶을 살았는가 하는 데서 자신의 삶이 만족스러운 삶이었다고 느끼는 사람에게는 세상 사람들이 만든 행복의 기준 같은 것은 별로 의미가 없을 거예요.

사실 세상 사람들이 원하는 행복한 삶을 살기도 쉽지 않지요. 사람들과 경쟁해서 어느 정도 승리해야 하니까요. 그렇지만 니체식으로 자아 창조의 삶을 사는 것은 더 어려운 일이에요. 죽을 때까지 자기 자신의 삶을 산 것인지 물으면서 자기 자신과 대결해야하니까요. 뭘 그렇게 어렵게 살 필요가 있느냐고요? 니체도 그런 특이한 삶의 목표를 세우는 사람은 많지 않다고 생각했어요. 그런 사람을 니체는 자율적인 인간, 자기 삶의 주인인 인간, 즉 '초인'이라고 불렀지요. 아마도 평범한 우리들은 그런 사람이 되기는 힘들겠죠?

좋은 것만 하겠다고?

간혹 나에게 충분한 돈과 시간이 있다면 나는 무엇을 하고 살 것인가를 생각해 본 적이 있을 겁니다. 어떤 사람은 컴퓨터 게임만 하고 살면 좋겠다고 생각할 거고, 또 어떤 사람은 맛집만 찾아다니며 식도락을 즐기겠다고 생각할 겁니다. 자기 자신이 가장 좋아하는 일에 자신의 모든 관심과 시간을 쏟으며 사는 삶에 대해 여러분은 어떻게 생각하나요?

아마 대부분의 사람들은 그런 삶이야말로 멋진 삶이라고 생각할 거예요. 우리가 생각하는 훌륭한 위인들은 대체로 자신이 잘할 수 있고 또 좋아하는 일에 전념해서 좋은 결과를 만들어 낸 사람들이지요. 미켈란젤로나 레오나르도 다빈치 같은 예술가들은 평생 동안 예술 작품을 창작하고 위대한 업적을 남기는 데 헌신했어요. 그런 천재들의 작품을 보면 과연 사람이 할 수 있는 일인가 의심스럽기까지 하죠. 그렇게 멀리 갈 것도 없이 우리나라의 김연아 선수 같은 운동선수들도 어려서부터 보통 사람이 하기 힘든 연습의 과정을 거쳐 세계적인 선수로 성장했지요. 이런 사람들은 스스로 자기 자신을 멋진 사람으로 만들어 낸 사람들이라고 할 수 있을 거예요.

그렇게 거창하게 세계적인 업적을 남기거나 유명해지지 않더라도 사람들은 자기가 좋아하는 분야에서 이루고자 하는 것을 이룰 수 있을 거예요. 어떤 사람은 시 쓰기를 좋아해서 자기만의 시집을 만들 수도 있고, 어떤 사람은 클래식 음악을 좋아해서 자신이 좋아하는 음악가에 관한 전문가가 될 수도 있겠지요. 남들이 알아주지 않는 그런 작은 성취를 통해서도 자신이 좋아하는 일을 하는 사람들은 자기 자신을 자신이 원하는 어떤 사람으로 만들어 낸다고 할 수 있어요.

주변의 사람들을 돌아보자

그런 삶의 태도를 통해 우리는 자신을 창조해 내는 멋진 삶을 살 수 있지만, 여기에는 한 가지 더 고려할 사항이 있어요. 만약 내가 좋아해서 헌신하는 일이 다른 사람의 삶에 좋은 영향을 줄 수 있는 일이라면 다행이겠지만, 그런 것과 무관한 지극히 사적인 것이라면 그런 삶에는 무엇인가 덧보태질 필요가 있어요. 예를 들어 영화 〈울지 마 톤즈〉의 주인공인 이태석 신부님 같은 경우에는 자신이 좋아하는 일이 남들을 돕는 일이었다는 점에서, 자기 자신을 만드는 일과 다른 사람의 고통을 돌보는 일이 일치하고 있어요. 우리가 잘 아는 슈바이처 박사나 테레사 수녀 같은 경우도 마찬가지죠. 그러나 내가 좋아하는 일이 오로지 나의 관심사에 국한되는 일이라면 나는 잠시 좋아하는 일을 멈추고 주변의 사람들을 돌아볼 필요가 있어요.

미국의 철학자 리처드 로티는 우리의 삶이 공적인 영역과 사적인 영역에서 조화를 이룰 필요가 있다고 보았어요. 사적인 영역에서 우리는 자신의 관심사에 따라 자기 자신을 창조해 내는 일을 통해서 자기의 삶을 의미 있게 만들 수 있어요. 동시에 공적인 영역에서는 내 주변에 살고 있는 다른 사람의 삶이 고통스럽지 않도록 돌보는 데서 우리의 삶을 더 나은 삶으로 만들 수 있다고 생각해요.

세상에서 자기가 좋아하는 일에 전념할 수 있는 기회를 가진 사람은 사실 많지 않아요. 대부분의 사람들은 생계를 위해서 하고 싶지 않은 일을 억지로 하고 있죠. 직업적인 성취가 그 사람이 진정으로 이루고자 하는 일과 일치하는 경우는 흔하지 않아요. 오히려 시간이나 돈이 없어서 자기가 진정으로 하고 싶은 일을 할 수 없는 사람들이 더 많죠. 우리가 좋은 사회에 산다는 것은 더 많은 사람들이 자기가 진정으로 원하는 일을 하면서 살 수 있는 사회에 산다는 것을 뜻할 거예요. 나 자신이 원하는 일을 하고 살기 위해서라도 우리는 다른 사람들이 어떤 삶의 환경에서 살고 있는지 돌아보아야 해요.

더 많은 사람들이 각자 원하는 일을 하고 살게 하기 위해서 우리는 무엇을 해야 할까요? 로티는 우리 주변에 사회적인 관행이나 제도, 법, 관습 등에 의해서 어려운 삶을 살고 있는 사람이 있는지 살피고, 그런 사람들의 삶의 환경을 개선시키기 위해서 힘을 합쳐야 한다고 제안해요. 만약 노동자가 너무 긴 노동 시간과 너무 적은 임금 때문에 고통을 당한다면, 만약 여성이 남성 중심적인 문화나 제도 때문에 일상적으로 차별을 당한다면, 또 성적 소수자나 이주 노동자가 사회적인 편견 때문에 괴로움을 당한다면 그런 사람들을 위해서 관행이나 제도를 고쳐 나가야 한다는 거죠.

자기가 하고 싶은 일을 하고 사는 것은 멋진 일이지만 그렇게 하기 위해서는 동시에 다른 사람들도 그렇게 살 수 있는 사회적 조건을 만들어야 한다는 것이 로티 같은 철학자의 생각이에요. 역시 게임만 하고 살고 싶어도 게임만 해서는 안 되겠죠?

33

생활이 편리해지면 무조건 좋을까?

과학 기술이 훨씬 발달한 시대에서 살게 될 우리의 후손들은 우리보다 행복할까요? 과학 기술이 급속도로 발달하면서 우리의 생활을 편리하게 만들어 주는 발명품들이 끊임없이 나오고 있죠. 컴퓨터도 점점 빨라지고 인터넷 속도도 빨라지고 있어요. 스마트폰도 기능이 좋아지고 있죠. 우리의 후손들은 우리가 미처 생각하지도 못한 발명품들을 가지고 편리한 생활을 하게 될 거예요. 그렇다면 우리 후손들은 우리보다 더 행복한 삶을 살게 될까요?

제가 어렸을 때 보았던 어린이 잡지에는 21세기의 미래를 예측하는 만화들이 있었어요. 대충 기억하기로는 21세기에는 길이 저절로 움직여서 가만히 서 있기만 해도 가고 싶은 곳으로 갈 수 있고, 사람마다 화면이 달린 작은 전화기를 가지고 다니면서 개인적으로 소통할 수 있고, 달나라로 소풍을 가고, 품종이 획기적으로 개량된 곡물이 나와서 식량 문제가 해결되고, 대체 에너지가 개발되어 에너지 문제도 해결된다는 식의 예상이었어요. 달나라로 소풍 가는 것을 빼면 대부분이 실현되었죠. 어려서 그런 만화를 보면서 그런 세상에서 사는 사람들은 얼마나 행복할까 하고 생각한 적이 있어요. 그런데 막상 21세기를 사는 지금 생각했던 만큼 행복한지는 잘 모르겠어요.

과학 기술이 우리를 행복하게 해 주는 측면은 분명히 있어요. 의료 기술만 생각해 보더라도 각종 예방 의학이나 진단 기술이 발달해서 사망률을 크게 낮추었을 뿐 아니라 평균 수명도 늘렸어요.

옛날에는 60세까지 살면 오래 살았다고 잔치를 했는데 요즘은 60
세 먹은 사람을 노인으로 보지 않아요. 로봇 청소기는 우리를 집
안 청소에서 해방시켜 주었고, 식기 세척기나 세탁기, 건조기 등
이 나오면서 가사 노동에 들어가는 시간과 노력이 크게 줄었어요.
요즘 개발되고 있는 사물 인터넷 기술은 우리가 집 밖에 나와 있
어도 스마트폰으로 집안일을 하게 해 주죠. 인공 지능과 로봇 기
술이 더 발달하면 가까운 미래에 힘든 노동은 인간이 하지 않아도
되는 시대가 올지도 몰라요. 과학 기술이 우리의 삶을 편리하게
해 주는 사례를 꼽자면 한도 없을 거예요.

　그렇지만 생활이 편리해진다는 것과 우리의 삶이 행복해진
다는 것은 같은 말일까요? 게임기와 스마트폰을 가지고 놀게 된
아이들은 그런 것들이 없이 살았던 옛날 아이들에 비해서 더 행복
해졌을까요? 단순하게 비교할 수는 없겠지요. 그렇지만 옛날 아
이들도 나름대로 즐겁게 놀았어요. 구슬치기, 딱지치기, 자치기,
팽이 돌리기, 술래잡기, 고무줄놀이, 공기놀이 등등 요즘에는 거
의 사라진 놀이들을 했지요. 동네 골목은 늘 아이들이 어울려 뛰
노는 놀이터였어요. 누가 더 행복한지는 잘 모르겠어요. 스마트폰
이 없던 시절에는 친구와 통화하려면 집에 전화를 해서 바꿔 달라
고 부탁해야 했고, 낯선 곳에 가려면 약도를 그려서 가야 했어요.
그리고 친구한테 연락을 하려면 손으로 편지를 써서 부쳤죠. 답장
을 기다리면서 친구가 내 편지를 받고 어떤 생각을 했을까를 상상

하는 시간이 있었어요. 불편하지만 불편하기 때문에 얻을 수 있는
소중한 시간이기도 하죠.

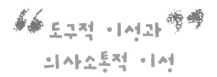

도구적 이성과 의사소통적 이성

독일의 철학자 하버마스는 편리해진다는 것과 행복해진다는
것은 구분해서 생각해야 한다고 주장해요. 인간은 이성을 가진 합
리적인 존재라서 자신의 삶을 더 낫게 바꾸려고 노력하는데 그 노
력의 방향이 두 가지라는 것이에요. 우리가 합리성이라고 부르는
것을 둘로 나누어 보아야 한다는 거죠. 과학 기술의 발달은 우리
가 '도구적 이성'을 발휘하기 때문이에요. 도구적 이성이란 어떤
목적을 달성하는 데 가장 효율적인 수단이 무엇인지를 찾는 이성
이에요. 이런 이성이 발달하면 점점 더 효율적인 도구들을 만들어
낼 수가 있지요. 이런 도구들은 우리의 생활을 편리하게 만들어
줘요. 그러나 이런 편리한 도구들이 발명되더라도 그것 때문에 우
리가 더 행복한 삶을 살게 된다고는 말할 수 없어요. 도구들은 우

위르겐 하버마스(1929-) 독일의 철학자이자 사회학자이다. 비판 이론의 진원지인 프랑크푸
르트 사회 연구소 소장을 지냈다. 『인식과 관심』, 『진리와 정당화』, 『의사소통 행위 이론』 등
많은 저술을 통해 의사소통적 합리성에 바탕을 둔 민주주의 사회의 건설을 주장했다.

리가 더 편하게 일을 할 수 있게 해 주기는 하지만, 그런 이유로만 사람이 행복하다고 느끼지는 않아요.

사람은 다른 사람과 의사소통을 하고, 느낌을 공유하고, 서로 돕고, 공동의 목표를 이루기 위해 서로 협력하고, 공감하고, 이해하는 데에서 행복감을 느껴요. 그렇게 사람과 사람 사이의 관계를 발전시켜 주는 것을 하버마스는 '의사소통적 이성'이라고 불렀어요. 이런 이성은 효율성을 위해 좋은 수단을 찾는 것을 목표로 하는 것이 아니라 다른 사람을 이해하는 데 목적을 두어요.

우리 후손들이 도구적 이성만 발달시키고 의사소통적 이성을 발달시키지 못한다면 우리보다 더 좋은 사회에 살게 된다고 장담할 수 없어요. 나중에 우리 후손들은 우리가 상상할 수 없을 정도로 기발한 게임기를 가지고 놀겠지만, 너무 부러워하지 않기로 해요. 그 아이들은 우리 이야기를 하면서 옛날에는 좀 원시적이었지만 나름대로 인간적인 데가 있었다고 말할지도 모르니까요. 물론 후손들이 더 행복해져야 하겠지만요.

7장

예술과 역사 그리고 종교는 왜 필요할까?

예술 철학, 역사 철학, 종교 철학

34

추상화를
이해 못하면
무식한 걸까?

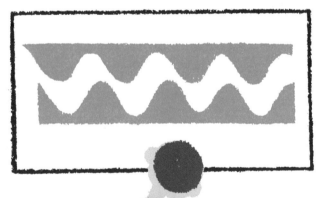

미술관에 가서 추상화를 보면 여러분은 어떤 생각을 하게 되나요? 현대 미술 중에는 어린아이가 장난으로 그린 그림같이 보이는 것도 있죠. 그렇지만 그런 그림들도 대단한 예술 작품으로 평가되었기 때문에 미술관에 진열되어 여러 사람이 관람을 하는 것이죠. 그렇다면 아무리 속으로는 내가 그려도 이만큼은 그리겠다고 생각하더라도 겉으로는 그 그림이 무엇을 뜻하는지 이해하려는 척을 해야겠죠? 그림이 너무 어려워서 이해할 수 없다고요?

주변에 있는 사람들을 보면 그림 앞에서 고개를 끄덕이기도 하고 같이 온 사람끼리 그림에 대해 진지한 대화를 나누기도 해요. 그런 사람들은 그림에 대해 뭔가 이해한 것처럼 보여요. 나만 그 그림이 뭘 말하고자 하는 것인지 몰라서 답답해지죠. 그렇지만 너무 답답해할 필요는 없어요. 그림을 감상하는 것은 그 그림이 뜻하는 것을 이해하는 것과는 별로 상관이 없으니까요.

우리가 만약 책을 읽는다면 책을 통해 저자가 말하고자 하는 것이 무엇인지 이해하려고 노력해야 하는 것은 당연해요. 문자 언어는 어떤 의미를 담고 있는 것이고 문자 언어로 된 책은 우리에게 그 의미를 전달하기 위해 쓰인 것이니까요. 그렇지만 그림은 좀 달라요. 그림은 문자 언어와 달리 의미만을 전달하기 위해 그려지는 것은 아니에요. 화가들은 자신이 표현하는 것을 말로 전달할 수 없기 때문에 그림을 그리는지도 몰라요. 그러니까 우리가 어려운 그림을 보면서 그 그림이 도대체 무엇을 뜻하는 것일까 하는 의문을 갖는 것은 쓸데없는 것일지도 몰라요. 거기에는 우리가 이해해야 할 명확한 의미라는 것이 처음부터 없을 수도 있어요. 중요한 것은 말로 설명할 수 있는 의미가 아니라 다른 어떤 것일 수도 있다는 거죠.

프랑스 파리의 현대 미술관인 퐁피두 센터에 가면 마르셀 뒤샹의 〈샘〉이라는 작품을 볼 수 있어요. 이 작품은 무척 유명해서 여러분도 들어 본 적이 있을 거예요. 이 작품은 화장실에 가면 볼 수 있는 남성의 소변기를 뒤집어 놓은 것이죠. 1917년 뉴욕의 한 전시회에 출품된 이 작품은 주최 측이 불쾌하다고 밖에 내놓았어요. 그렇지만 지금은 유명 미술관에 전시되어 있을 뿐 아니라 현대 미술을 이야기할 때마다 빼놓지 않고 언급되죠.

이 소변기는 다른 소변기와 다르게 제작된 것도 아니에요. 그냥 시중에 나오는 소변기를 한 예술가가 예술 작품이 전시되는 공간에 가져다 놓았을 뿐이죠. 작가는 일상적인 사물을 전시 공간에 가져다 놓았을 때 어떤 느낌을 갖게 되는가가 궁금했을지도 몰라요. 그 소변기는 화장실에 있을 때와 전시회장에 있을 때 완전히 다른 느낌으로 보이겠죠. 소변기를 보는 관객이 소변기의 의미를 이해하려고 노력할 필요는 없어요. 그 소변기가 주는 느낌이 어떤 것인지를 느껴 보는 것으로 충분하죠.

마티스라는 화가가 그린 여성의 초상화를 보면 여성이라기보다는 좀 남성적으로 보이죠. 마티스의 그림을 보던 어떤 부인이 도대체 그 그림 어디에 여성이 있느냐고 불평을 했어요. 그러자 마티스가 "이것은 여성이 아니라 그림입니다, 부인" 하고 대답했다고 해요. 이 에피소드는 우리에게 그림을 볼 때 어떻게 보아야 할지에 대해 힌트를 줘요. 화가가 여성을 그렸다고 여성이 그 그림의 주제라거나 의미라고 생각할 필요는 없어요. 그리고 화가는 자기가 말하고자 하는 것을 그림 속에 감추어 두는 사람이 아니에요. 화가는 자기의 경험을 토대로 자신이 느낀 어떤 것을 작품 속에 표현하려고 해요. 그림이 다 완성되기까지는 화가도 자신이 무엇을 표현하려고 했는지 미리 분명히 알 수 없어요. 그림은 완성됨으로써 비로소 어떤 주제를 표현해요. 그리고 그 주제는 꼭 말로 분명하게 표현할 수 있는 어떤 것일 필요는 없어요.

그냥
느끼면 돼

미국의 철학자 존 듀이는 예술가란 물질적인 소재를 매체로 바꾸는 사람이라고 말한 적이 있어요. 매체란 어떤 의미를 전달하는 소재를 뜻해요. 처음에는 아무런 의미도 담지 않았던 예술 작품의 소재들이 예술가의 노력을 통해 일정한 형식을 갖춤으로써 의미를 담아내는 매체로 발전한다는 거죠. 그리고 그 의미는 언어로 표현할 수 있는 것이 아니에요. 언어로 표현할 수 있다면 글을 쓰거나 말로 했겠지요. 예술가가 표현하고자 한 어떤 의미가 예술 작품을 매체로 하여 감상자에게 공유될 수 있는 이유는 예술가와 감상자가 똑같은 세계 속에서 비슷한 경험을 하기 때문이에요. 예술 작품은 말로 표현할 수 없는 경험의 내용, 고유한 느낌, 정서, 가치, 의미 등을 소통하게 해 주는 매개물이에요. 감상자는 그런 느낌을 공유함으로써 자신의 경험을 더 풍부하게 할 수 있는 거죠.

이제 미술관에 가서 이해할 수 없는 작품을 만나더라도 답답해하지 않아도 되겠지요? 거기에는 이해할 언어적인 의미가 있는 것이 아니라 몸으로 느끼면 되는 어떤 것이 있다고 생각하면 되니까요. 말로 표현할 수 없어도 어떤 그림이나 예술 작품을 보고 강렬한 인상을 받고 어떤 기분을 경험했다면 그걸로 충분한 거죠.

존 듀이(1859~1952) 미국의 철학자, 심리학자, 교육학자이다. 퍼스와 제임스의 실용주의를 한층 발전시켜 미국의 철학으로 정립했다. 모든 지식은 삶을 개선시키기 위한 도구라고 보았다. 특히 학생의 자율적인 성장을 핵심으로 하는 그의 교육학 이론은 오늘날에도 지속적으로 연구되고 있다. 그는 『철학의 재구성』, 『민주주의와 교육』 등의 저서를 통해 모든 사람의 개성이 꽃필 수 있는 민주주의 사회의 건설이 철학의 목표라고 주장했다.

야동은 왜 예술이 아닌가?

미술관에 가서 작품을 보다가 민망했던 적이 있나요? 유명한 예술 작품 가운데에는 여성이나 남성의 누드를 표현한 작품이 많이 있죠. 부모님과 미술관에 갔는데 그런 작품들이 있으면 아무래도 좀 민망할 수 있죠. 그렇지만 예술 작품으로 표현된 벗은 몸을 보면 사실 그다지 야하게 보이지는 않아요. 그것은 왜 그럴까요?

예술이냐 외설이냐 하는 것은 잊혀질 만하면 매스컴에서 다루어지는 단골 주제죠. 간혹 노출이 심한 영화가 나오면 어떤 사람들은 장면이 너무 외설적이라고 비난하고, 또 어떤 사람들은 그 장면을 외설적이라고 생각하는 사람이 예술을 이해하지 못하는 것이라고 주장하죠. 예술가들은 자신들이 표현하고자 하는 것을 표현하기 위해 종종 사회적으로 정해진 기준선을 넘기도 해요. 사회적으로 하지 말라는 것을 다 안 하면 정작 표현해야 할 것을 표현할 수 없게 된다는 거죠. 예술가들이 끊임없이 사회적인 통념을 넘어가려고 하는 한 아마도 예술이냐 외설이냐 하는 논쟁은 계속해서 등장할 것 같아요.

아이러니하게도 우리나라에서 이런 논쟁이 가장 활발히 일어났던 때는 1980년대 군부 독재 시절이었어요. 전두환 정권이 집권하면서 3S 정책을 폈다는 것은 잘 알려진 이야기죠. 3S란 Sex, Screen, Sports를 뜻해요. 그래서 프로 야구도 그 시절에 처음 시작했고, 소위 야한 영화들도 그 시절에 본격적으로 제작되기 시작했죠. 대학생이었던 저도 극장에 가서 열심히 야한 영화들을 봤어요. 그런데 묘하게도 야한 장면을 보러 갔을 뿐인데, 어떤 영화들은 여운이 남았어요. 그 영화들 대부분이 단순히 그냥 야한 영화, 즉 포르노 영화가 아니었던 거죠.

예술이냐 외설이냐

그렇다면 무엇 때문에 그런 느낌을 가졌던 것일까요? 그 이유를 말할 수 있다면 아마도 외설이냐 예술이냐 하는 논쟁에서 한 가지 답을 얻을 수 있겠지요. 앞서 말한 존 듀이는 예술가는 자신이 경험한 것을 직접적으로 표현하지 않고 시간을 두고 간접적인 방식으로 표현하는 사람이라고 봐요. 예술가는 자신이 표현하고자 하는 느낌이나 정서, 가치 등을 직접적으로 한꺼번에 방출하지 않아요. 만약에 어떤 사람이 극심한 분노를 느꼈다고 해 봐요. 그 사람이 예술적이지 않은 방식으로 자신의 분노를 표현한다면 어떻게 할까요? 아마도 그 사람은 심한 욕을 내뱉거나 소리를 지르거나 물건을 부수거나 심하면 사람을 향해 주먹을 휘두를 거예요. 우리는 그런 것을 예술이라고 부르지 않지요.

그렇다면 이번에는 예술가가 그런 분노를 느끼고 그것을 예술적으로 표현할 경우를 생각해 봐요. 그 예술가는 먼저 자신의 분노를 표현할 소재를 찾을 거예요. 그것은 나무가 될 수도 있고, 쇠가 될 수도 있고, 캔버스가 될 수도 있고, 음표가 될 수도 있어요. 물론 글도 분노를 담아낼 소재가 될 수 있지요. 소재가 정해지면 예술가는 그 분노에서 얻은 자신의 느낌, 정서, 거기서 도출된 어떤 가치 등이 그 소재를 통해 어떻게 하면 제대로 표현될 수 있을지 고민할 거예요. 그 고민은 소재를 어떻게 다룰 것이냐의 문제가 되지요. 그래서 예술가는 나무를 깎고, 쇠를 다듬고, 음표를 배열하고, 단어를 만들어 내고 문장을 다듬지요. 그러면서 점점 소재는 일정한 형식을 얻게 되고 최종적으로는 어떤 주제를 담아내는 매체로 발전해요. 그래서 조각 작품, 교향악, 소설, 시 등이 만들어지는 것이지요. 그렇게 해서 탄생한 예술 작품은 예술가의 경험에 포함된 느낌, 정서, 의미, 가치 등을 응축된 방식으로 담아 냈기 때문에 그것을 감상하는 사람은 그것을 순간적으로 소비하기보다는 그 의미를 오랜 시간에 걸쳐 조금씩 음미할 수가 있게 되어요. 반면 직접적으로 방출된 감정이나 느낌은 처음에 그것을 경험하는 사람에게는 강렬하게 느껴질 수 있지만, 순간적으로 소비되고 말죠.

이제 야한 영화를 보다가 부모님께 들키더라도 전혀 당황할 필요가 없어요. 여러분은 그 감독이 얼마나 간접적인 방식으로 오랜 시간을 들여 자신의 고유한 경험 속에 포함된 느낌들을 담아내고자 노력했는지 설명하면 되니까요. 물론 결과는 책임질 수 없어요.

36

역사는 객관적인 사실일까?

옛날에 일어났던 일을 정확하게 객관적으로 알 수 있을까요? 얼마 지나지 않은 일에 대해서도 사람들은 다른 말을 하는 경우가 많아요. 그렇지만 어떤 일이 실제로 일어났다면 그 일이 어떻게 해서 일어났고, 다른 일들과 어떤 식으로 연결이 되어 있는지에 대해서는 하나의 진실이 있는 것이 아닐까요?

여러분이 어제 학교에서 친구에게 볼펜을 빌려주었다고 해봐요. 그 친구는 오늘 돌려주겠다고 했지만, 오늘 학교에 가니 갑자기 자신이 볼펜을 빌린 적이 없으며 빌려준 볼펜은 처음부터 자기의 것이라고 말한다고 해 봐요. 처음에는 그 친구가 거짓말을 한다고 생각했지만 여러분은 그 친구가 매우 확신을 가지고 주장을 하니까 혹시 볼펜을 빌려준 적이 없었던 것은 아닌가 하는 의심이 들 수도 있을 거예요. 쉬는 시간에 엎드려 잠을 자다가 꿈을 꾼 것은 아닌가 하고 말이죠. 실제로 일어난 일은 볼펜을 빌려주었다는 사실 혹은 볼펜을 빌려주지 않았다는 사실 둘 중의 어느하나여야 해요. 어느 것이 사실인지 밝혀낼 수 있을까요?

지나간 일을 역사라고 하죠. 역사는 사람들이 살면서 행한 일들이 모여서 이루어져요. 그리고 그 일들은 다음에 일어날 일들에 영향을 주죠. 사람들은 과거에 잘못한 일이 있으면 그 잘못한 일을 되풀이하지 않기 위해 반성을 하고 앞으로 하게 될 일에 대해 조심스런 태도를 가질 수 있어요. 말하자면 사람들이 행한 과거의 일들은 그냥 일어난 일이 아니라 좋은 일, 혹은 나쁜 일로 분류되고 평가된다는 거죠. 좋거나 나쁘다는 것은 그 일의 가치를 평가하는 것이에요. 그런데 좋거나 나쁘다는 것은 어떤 입장에 서느냐에 따라서 그 기준이 달라질 수도 있어요. 하나의 일에 대해 어떤 사람은 좋은 일이라고 말하고 어떤 사람은 나쁜 일이라고 말할 수 있다는 거죠.

어느 것이 옳은 해석일까?

예를 들면 일본군 위안부의 문제를 생각해 볼 수 있어요. 일본군 위안부로 끌려가서 고생한 할머니들은 오랜 세월이 흘렀지만 당시 일본군의 만행을 생생하게 기억해 내고 사과를 받아야 한다고 생각하죠. 그런데 일본인들 중에는 그런 일이 아예 없었다고 주장하는 사람들도 있어요. 아니면 그 할머니들이 강제로 끌려간 게 아니라 자발적으로 갔다고 어이없는 주장을 하기도 하죠.

우리나라의 역사에서도 과거의 일에 대해 서로 다른 해석들이 있어요. 박정희 대통령은 군사 쿠데타를 통해 정권을 잡고 유신 헌법을 만들어 장기 집권을 꾀했지요. 어떤 사람들은 박정희가 경제를 발전시킨 훌륭한 대통령이라고 말하고 어떤 사람들은 나라의 발전을 막은 독재자라고 말해요. 박정희 대통령은 과연 어떤 일을 한 것일까요?

자연에서 일어난 일을 탐구하는 학문인 자연 과학에서는 일어난 일에 대한 평가나 해석이 학자마다 크게 다르지 않아요. 반면 역사에서 일어난 일을 탐구하는 역사학에서는 학자마다 무슨 일이 일어났는지, 그 일이 어떻게 평가되어야 하는지에 대해 견해가 다른 경우가 많아요. 그렇다면 역사학은 객관적인 학문이 될 수 있을까요? 역사에서 일어난 일에 대한 수많은 해석이 가능하고 어느 것이 옳은 해석인지 말할 수 없다면 역사학은 객관적인 학문이라고 하기보다 상상의 글쓰기 영역이라고 해야 하지 않을까요?

독일의 철학자 딜타이는 역사학이 자연 과학과 같이 객관적인 학문이 될 수 있다는 주장을 펼쳤어요. 딜타이는 역사학을 자연 과학에 대비해서 '정신과학'이라고 불렀어요. 딜타이가 정신과학이 객관적인 학문일 수 있다고 생각한 근거는 인간의 역사가 인간의 삶의 연속으로 되어 있고, 인간의 삶은 체험으로 구성되어 있다는 것이었어요. 사람들은 하루 종일 체험을 해요. 아침에 세수하고 밥을 먹는 것도 체험이고 지하철을 타고 학교에 가서 공부를

빌헬름 딜타이(1833–1911) 독일의 철학자, 심리학자, 역사학자이다. 『정신과학 입문』, 『정신과학에서 역사적 세계의 건립』 등의 저서가 있다. 그는 생철학의 주창자로서 우리의 삶은 체험을 단위로 하여 구성되며, 역사란 그런 체험들이 서로 연관을 맺고 이어지는 과정이라고 생각했다.

하는 것도 체험이죠. 사람들의 모든 삶은 체험으로 가득 차 있어요. 그리고 그 체험들은 서로 연관을 맺고 있죠. 각각의 체험이 연관을 맺게 되면 거대한 체험들의 흐름이 형성될 것이고 그것이 바로 역사라는 것이에요.

사람들의 체험은 다양한 형식으로 표현이 되지요. 사람들은 일기를 쓰기도 하고, 신문 기사를 쓰기도 하고, 편지를 쓰기도 하고, 소설을 쓰기도 하죠. 그렇게 해서 체험은 표현된 기록들로 남아요. 역사를 이해한다는 것은 그 기록들을 통해서 표현된 원래의 체험을 다시 체험해 본다는 것과 같다고 딜타이는 주장해요. 물론 기록들은 거짓이거나 틀린 것도 있을 거예요. 그렇지만 서로 면밀히 대조해 보면 결국 어떤 것이 실제로 일어난 체험을 표현하고 있는 기록인지 알 수 있다는 것이 딜타이의 생각이에요. 그래서 역사학은 객관적인 학문이 될 수 있다는 거죠.

친구가 거짓말을 하고 있는 것인지, 여러분이 착각을 하고 있는 것인지를 밝혀내려면 당시의 체험이 표현된 기록을 찾아야겠죠. 그런 것이 없다면 주변 친구들 중에 목격자가 있는지 찾아야 될 테고요. 아무 기록도 없고 목격자도 없다고요? 딜타이도 그런 경우는 좀 난감해할 것 같군요.

37

과거의 일들이 주요한 이유는?

여러분은 과거에 있었던 일들에 대해 우리가 잘 알아야 한다고 생각하나요? 그렇다면 그 이유는 무엇인가요? 왠지 알아야 할 것 같다고요? 역사 공부를 할 때 아주 오래전에 일어난 역사적인 사건들의 연대기를 외우거나 왕들의 이름을 순서대로 외운 적이 있을 거예요. 우리가 살아가는 데 그렇게 오래된 일들이 언제 일어났는지, 옛날에 어떤 왕 다음에 어떤 왕이 대를 이었는지를 아는 것이 도대체 우리에게 왜 중요한 걸까요?

여러분의 부모님이 여러분에게는 잘 이해가 안 될 때가 있을 겁니다. 게임이나 컴퓨터를 좋아하는 여러분을 잘 이해하지 못하거나, 아들과 딸의 역할에 대해 고정 관념을 가지고 있다거나 할 때에는 부모님을 상대하기가 좀 답답하겠죠. 그리고 부모님 세대의 어른들이 여러분에게 좋은 가르침을 주기 위해 '내가 어렸을 때는…' 하고 운을 떼면 여러분에게는 '꼰대'로 보이겠죠. 어떤 어른들은 어린 세대에게 꼰대 소리를 듣기 싫어서 아예 아무 말도 하지 않겠다고 결심하기도 해요. 여러분도 꼰대 소리를 하는 어른들과 대화하고 싶지 않겠지요. 그렇지만 이렇게 서로 이야기하지 않으려고 하면 아마 서로 사이는 더 멀어질 거예요. 그건 좋은 일이 아니죠. 그러면 어떻게 해야 할까요?

상대방을 이해하기 위해서는 상대방이 어떻게 해서 그런 생각을 갖게 되었는지 알 필요가 있어요. 분명히 상대방은 어떤 일을 겪었기 때문에 그런 생각을 하게 되었을 테니까요. 부모님 세대는 컴퓨터나 비디오 게임을 모르고 자랐을 수도 있어요. 그리고 군사 독재 시절에 학교를 다니면서 권위주의적인 교육을 받았을 수도 있고요. 이런저런 점을 고려해 보면 부모님이 여러분에게 잔소리를 하는 이유가 어느 정도 이해할 만한 것으로 여겨질 수도 있겠지요.

잊어도 되는 역사적 사건은 없다

국가나 민족 같은 큰 단위에서도 과거에 겪은 일들 때문에 갖게 되는 생각들이 있어요. 우리나라 사람들이 일본을 좋게 생각하지 않는 것은 일본이 과거에 우리나라를 상대로 나쁜 짓을 많이 저질렀기 때문이지요. 일본군 위안부 문제나 강제 징용 노동자들 문제조차도 아직 제대로 된 사과를 못 받고 있어요. 지난 박근혜 정부에서는 위안부를 위한 위로금을 일본 정부로부터 받고 더 이상 위안부 문제를 거론하지 말고 미래를 향해 나아가자고 한 적이 있지요. 미래를 향해 나아가자는 말은 좋은 말이에요. 그렇지만 위로금을 받는다고 해서 과거의 일이 없어지지는 않아요. 희생자들은 돈보다는 진심 어린 사과를 원했어요. 만약 일본이 국가 차원에서 과거의 잘못을 진심으로 뉘우치고 피해자들을 위한 방안을 마련하겠다고 했다면 일본은 좋은 나라가 될 기회를 얻을 수 있었을 거예요.

과거의 일들이 우리에게 중요한 이유는 과거의 일들이 일어나지 않았다면 우리는 오늘날의 우리가 될 수 없었을 것이기 때문이에요. 역사는 그저 옛날에 일어난 일들이 아니에요. 우리 자신을 이루고 있는 우리 자신의 일부예요.

독일의 철학자 한스 게오르크 가다머는 역사라는 말 대신 '영향사'라는 말을 쓴 적이 있어요. 과거의 일들은 우리에게 끊임없이 영향을 미치고 있다는 의미예요. 가다머는 역사적인 사건들이 우리에게 영향을 미치는 방식을 일종의 대화의 과정으로 보았어요. 우리는 알게 모르게 과거의 일들과 끊임없이 대화를 하고 있다는 거죠. 우리가 꼰대 같은 어른들의 생각을 이해하기 위해 그 어른들이 옛날에 무슨 일을 겪었을지 생각하는 것은 지난 사건에 대해 질문을 던지는 거예요. 그런데 가다머는 이 질문이 사실은 그 사건들이 우리에게 던지고 있는 질문에 대한 대답이라고 생각해요.

우리가 의식하지 못하더라도 과거의 모든 사건들은 우리에게 말을 걸고 있어요. 우리가 역사적인 사건의 의미에 대해 의문

한스 게오르크 가다머(1900~2002) 독일의 철학자로서 철학적 해석학의 주창자이다. 『진리와 방법』, 『철학자 가다머 현대 의학을 말하다』 등의 저술이 있다. 하이데거의 제자로서 '영향사 의식'이란 용어를 통해 우리 존재의 역사성을 강조했다. 선입견의 문제를 두고 하버마스와 논쟁을 벌이기도 했다.

을 갖게 되는 것은 그런 말에 대해서 반응을 하는 것인 셈이죠. 우리는 역사적인 사건에 대해 질문을 던지고 탐구를 해서 답을 얻어요. 그 답은 우리의 의문에 대한 역사적인 사건의 대답이라고 할 수 있어요. 우리가 그 사건에 대해 어떤 답을 얻었다는 사실 자체가 이제 하나의 역사적 사건이 되어 우리의 삶에 영향을 미치게 돼요. 그 영향은 새로운 질문의 형태로 나타날 것이고 우리는 다시 그 질문에 답하는 식으로 대화를 이어 가게 될 거예요. 이런 과정은 아마 끝나지 않을 거예요.

이렇게 보면 우리가 역사적 사건들을 이해하려고 노력하는 한 역사적인 사건들은 우리의 삶 속에서 살아 있을 거예요. 잊어야 하거나 잊어도 되는 역사적 사건들은 없어요. 그 모든 것이 우리를 만들고 있으니까요. 여러분의 부모님이 이해가 되지 않을 때 옛 사진을 보여 달라고 해 보세요. 그리고 그때 무슨 일들이 있었는지 말해 달라고 해 보세요. 아마 조금은 잔소리를 견디어 낼 수 있는 힘이 생길지도 몰라요.

신이 인간을 만들었을까?

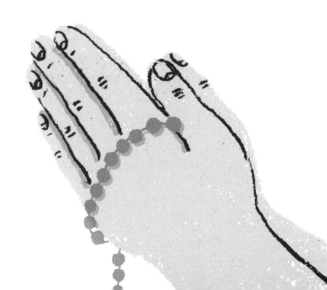

신이 인간을 만든 것일까요, 아니면 인간이 신을 만든 것일까요? 기독교나 이슬람교의 유일신을 믿는 사람들은 당연히 신이 인간을 만들었다고 생각할 것이고, 무신론자라면 신이란 인간이 만들어 낸 개념에 불과하다고 생각하겠지요. 여러분은 어느 쪽인가요?

창조주로서 유일신을 믿는 사람에게는 인간이 신을 만들었다는 생각 자체가 매우 불경스럽게 생각이 되겠지요. 서양 사람들은 매우 오랫동안 신에 대한 믿음을 유지해 왔기 때문에 신이 인간이 만들어 낸 개념에 불과하다는 생각을 배제해 왔어요.

기독교가 자리 잡기 훨씬 이전, 즉 고대 그리스 사람들도 인간과 신의 관계에 대해 생각했어요. 그리스 신화에 등장하는 신들은 초인적인 능력을 가지고 있고, 인간의 운명을 좌우한다는 점에서 기독교의 신과 비슷한 면이 있지요. 신과의 관계에서 인간을 생각하게 되면, 인간은 좀 특별한 존재로 여겨져요. 동물에게는 없는 어떤 것들이 인간에게는 있다고 생각하게 되는 거죠.

예를 들면 인간은 몸이 죽더라도 영혼은 죽지 않아요. 플라톤은 인간의 영혼이 원래 영원한 진리의 세계인 이데아의 세계에서 살다가 이 세상에서 인간으로 태어날 때 육체의 감옥에 갇히게 된다고 보았어요. 몸이 죽으면 비로소 영혼은 육체에서 해방되어 다시 이데아의 세계로 돌아간다는 거죠. 이것은 우리가 죽으면 우리의 영혼이 천국에 간다고 하는 기독교의 가르침과 비슷해요.

데카르트는 그런 영혼의 능력을 이성이라고 보았죠. 칸트도 인간만이 이성을 가지고 있어서 학문을 할 수 있고, 도덕적인 실천을 할 수 있다고 보았어요. 서양 철학자들이 생각한 인간은 신의 특별한 피조물이라는 전제가 있었던 거죠. 신과의 관계 속에서 인간은 이성이라는 공통의 본성을 지닌, 다른 동물과는 질적으로 다른 특별한 존재로 간주되었어요. 이런 생각을 뿌리째 흔든 학자가 바로 찰스 다윈이에요.

인간이 신을 만들었을까?

다윈은 과학자로서 지구상의 다양한 생물들이 어떤 방식으로 진화했는지를 연구했어요. 그의 결론은 모든 생물의 뿌리는 공통의 조상으로 연결된다는 것이었죠. 이런 관점에서 보면 인간도 다른 생물종과 마찬가지로 진화의 여러 갈래 중의 한 갈래를 차지하고 있는 동물에 불과하죠. 인간과 침팬지나 고릴라 같은 다른 영장류의 유전자는 거의 97~98% 같아요. 본질적으로 다르다고 하기에는 공통점이 매우 큰 거죠. 물론 그 2~3%의 차이도 무시할 수 없어요. 인간은 의사소통의 도구로서 상징체계인 언어를 만들어 내고 문명을 발전시켰다는 점에서 그냥 동물은 아니죠. 그러나 진화 생물학의 관점에서 보면 인간의 위대한 문명도 결국 우연적인 진화의 결과물이에요. 인간이 특별한 신의 피조물이라서, 혹은 신의 섭리 때문에 인간의 문명이 생겨난 것은 아니라는 거죠.

　종교는 문명의 중요한 요소라고 할 수 있어요. 발달한 문명은 모두 종교를 발전시켰죠. 심리학자인 지그문트 프로이트는 모든 고등 종교의 뿌리가 고대 원시 사회의 토템 신앙에 있다고 주장했어요. 프로이트는 인류가 인류의 길을 가기 직전에는 다른 영장류들과 비슷하게 무리를 이루어 사는 동물에 불과했을 거라고 상상했어요. 그런데 무리를 지어 사는 동물들은 수컷 우두머리가 모든 암컷을 독차지하는 방식으로 무리를 지배해요. 수컷과 여러 암컷들 사이에서 태어난 자식들은 성장하더라도 암컷을 차지할 기회가 없는 거죠. 거기에 불만을 품은 어떤 수컷이 우두머리를 해치우고 암컷을 차지하는 일이 일어났어요. 이것이 유명한 '부친 살해'의 사건이죠. 프로이트는 여기서 인류가 동물의 삶에서 벗어나기 시작했다고 상상했어요.

　부친을 살해한 수컷은 묘한 마음이 들었겠죠. 자기를 억압한 우두머리를 해치웠다는 성취감과 동시에 자신을 낳고 키워 준 아버지를 죽인 것이니까요. 그 묘한 감정은 일종의 죄책감으로 작용해서 우두머리가 된 수컷은 무리의 규칙을 만들어요. 그것이 바로 터부(Taboo)예요. 자기와 같은 일을 다른 수컷이 하는 것을 금하고, 아버지를 대신할 제물을 정해서 그것을 숭배하도록 한 거죠. 그것을 토템(Totem)이라고 불러요. 이 토템 신앙이 모든 인류 문명의 초기에 발견되고 있어요. 이런 신앙은 나중에 다양한 신에 대한 종교로 발전하다가 결국에는 유일신이라는 추상적인 신에 대한 고등 종교로까지 발전했다는 것이 프로이트의 생각이에요.

인간이 신을 만들었다는 다윈이나 프로이트의 생각을 편든 다고 해서 신을 믿는 사람들을 우매하다고 말할 필요는 없어요. 프로이트는 종교가 있었기 때문에 인류가 살아남았고 오늘날과 같은 발달된 문명을 만들 수 있다고 보았어요. 그러니까 종교란 그 기원이 어떻든 오늘날의 인간을 만든 셈이죠.

39

종교가 삶을 의미 있게 해 준다면?

만약 신이 인간이 만든 개념에 불과하다면 종교는 없어지는 것이 좋을까요? 인간은 신이 만든 피조물이라는 생각과 신은 인간이 만든 개념에 불과하다는 생각은 동시에 주장될 수 없는 것으로 보여요. 과학과 종교의 싸움은 서구 문명이 중세를 벗어나면서 지속되어 온 싸움이죠. 여러분은 과학 기술의 시대에 종교 교리들은 옳지 않으므로 없어져야 한다고 생각하나요?

갈릴레이가 지동설을 주장했다가 종교 재판에 회부된 이야기는 모두 알고 있죠. 갈릴레이는 처벌을 면하기 위해 자신의 신념을 굽힌 것으로 알려져 있어요. 1600년에 이탈리아의 철학자 지오르다노 부르노는 범신론적인 사상을 가졌다는 이유로 화형을 당했고, 그 영향을 받은 스피노자라는 철학자 역시 범신론 때문에 자신이 속한 유태인 공동체에서 쫓겨났어요. 범신론이란 신이 곧 자연이고 자연이 곧 신이라는 생각이에요. 신의 뜻이란 우주의 법칙과 다른 것이 아니게 되지요. 이것은 인격적인 신을 말하는 기독교의 교리와 맞지 않는 부분이 있어요. 그래서 종교계에서는 범신론이 신을 부정하는 것이나 마찬가지라고 보았던 거죠.

과학과 종교의 싸움은 오늘날에도 지속되고 있어요. 미국의 남북 전쟁은 북부의 산업 세력과 남부의 종교 세력 간의 충돌이라고들 말하죠. 북부의 승리는 마치 종교적인 시대가 가고 과학 기술의 시대가 왔다는 생각을 갖게 했어요. 물리학과 생물학 분야의 발전은 자연 세계에서 점점 신의 영향력을 감소시켰죠. 옛날 대학은 신학을 가르쳤지만 요즘 대학에서는 진화 생물학을 가르쳐요. 물론 기독교 쪽에서는 지금도 진화 생물학을 인정하려고 하지 않는 경향이 있죠. 신이 인간을 창조했다고 믿는 사람들은 소위 '창조 과학'이라는 일종의 유사 과학을 만들어서 진화론에 맞서려고 해요. 그렇지만 대학에서 진화 생물학 대신에 창조 과학을 가르치지는 않아요.

급진적인 진화 생물학자 가운데에는 종교는 거짓이므로 종교를 없애야 한다고 주장하는 학자도 있어요. 『이기적 유전자』라는 책으로 유명한 리처드 도킨스는 『만들어진 신』이라는 책에서 종교는 거짓일 뿐 아니라, 인간이 필요에 의해 만든 것이고 이제 효용이 다했으니 폐기하는 것이 마땅하다고 주장해요. 도킨스는 심지어 종교가 쓸모가 없어졌을 뿐 아니라 모든 악의 근원이 되었다고 생각해요. 이슬람 근본주의자들이 저지르고 있는 테러도 종교 때문에 일어나는 것이지만, 기독교 근본주의자들이 거기에 맞서서 벌이고 있는 전쟁도 역시 종교적 기원을 갖기는 마찬가지라는 거죠. 그래서 도킨스는 테러와의 전쟁을 벌일 것이 아니라 종교와의 전쟁을 벌여야 한다고 주장해요. 아무것도 모르는 어린아이에게 천국과 지옥에 대한 이야기를 들려주고 그것을 통해 잘못된 신념을 갖게 하는 것만큼 폭력적이고 위험한 것도 없다는 것이 도킨스의 입장이에요.

과학과 종교 가운데 하나를 택해야 한다면 어느 하나가 인류의 역사에서 사라질 때까지 이 싸움은 끝나지 않겠지요. 그렇지만 그 둘 중 어느 하나를 택할 필요가 있는지 생각해 볼 필요가 있어요. 미국의 실용주의 철학자 리처드 로티 같은 사람은 굳이 양자 가운데 어느 하나를 택할 필요가 없다고 생각해요.

진화 생물학과 종교는 함께할 수 있다

예를 들어 대학에서 진화 생물학을 가르치는 어떤 과학자가 있는데 이 사람은 어려서부터 성당에 다녔다고 가정해 봐요. 보통 집안 어른들이 특정 종교를 가지면 그 집의 아이들도 같은 종교를 갖게 되는 경우가 많죠. 이 과학자는 성당에 가서 기도를 하면 마음이 편해지고 자신의 삶이 의미가 있게 느껴져서 미사에 꼭 참석하는 편이에요. 그런데 이 과학자의 아들이 어려서는 몰랐는데 커 가면서 동성애 성향이 드러났다고 해 봐요. 이 과학자는 그런 아들을 생각할 때마다 마음이 아파요. 왜냐하면 기독교에서는 동성애는 죄악이며 동성애자는 천국에 갈 수 없다고 가르치는 경우도 있거든요. 그러나 이 과학자는 진화 생물학자이기 때문에 자신의 아들이 동성애 성향을 갖는 것이 일반적이지는 않지만 있을 수 있는 일이라는 것을 알고 있어요.

이 과학자는 종교의 가르침에 따르기 위해 학교를 그만두어야 할까요? 아니면 학문적 입장에 따라서 거짓을 가르치는 성당을 그만두어야 할까요? 그 어떤 선택을 하더라도 아들의 동성애적 성향은 변하지 않을 것이고, 과학자의 마음도 편하지 않을 거예요. 가장 좋은 해결책은 기독교의 최고 교리인 사랑을 실천하는 것이에요. 기독교는 이웃을 사랑하라고 가르쳐요. 그런데 자신의 아들이 동성애자라고 해서 사랑하지 않을 이유는 없어요. 기독교가 진화 생물학의 지식을 받아들인다고 해서 의미를 잃게 되지는 않을 거예요. 로티는 이 과학자가 성당에서는 사랑을 실천하는 삶을 배우고, 대학에서는 진화 생물학을 가르치는 삶을 산다고 해서 문제될 것이 무엇인지 거꾸로 물어요.

종교나 학문이 모두 우리의 삶을 의미 있고 가치 있게 해 줄 때 우리에게 의미 있고 가치 있는 것이 될 거예요. 그러니까 먼저 자기 입장을 정해 놓고 자기와 다른 입장을 무시하는 태도를 보일 필요는 없어요.

죽음에 대해 생각해 본 적 있니?

여러분은 죽음에 대해 생각해 본 적이 있나요? 아마도 한 번쯤은 진지하게 생각해 보았겠죠? 죽으면 우리는 어떻게 되는 걸까요? 기독교에서 말하듯 천국이나 지옥에 가게 될까요? 아니면 불교에서 말하듯 자신의 업보에 따라서 다른 생명체로 다시 태어나게 될까요? 아니면 그냥 흙으로 돌아가서 사라지게 되는 걸까요?

죽음을 생각하면 왠지 무서운 생각이 들죠. 내가 사랑하는 모든 것들과 이별을 해야 하고 살면서 누렸던 모든 즐거움들이 중단되니까요. 그리고 아무도 죽어 본 사람이 없기 때문에 죽은 다음에 어떤 일이 벌어질지에 대해서 아는 사람이 없어요. 죽을 때 겪어야 할 죽음의 느낌에 대해서도 우리는 아는 것이 없기 때문에 그런 것을 상상하는 것만으로도 으스스한 생각이 들죠.

유럽을 여행해 본 친구들은 아마도 묘지들을 구경해 보았을 거예요. 파리에는 시내 한복판에 큰 공동묘지들이 있어요. 근처에는 역도 있고 시장도 있지요. 유명한 성당에 들어가 보면 그 지하에는 어김없이 묘지들이 있어요. 그리고 멋있게 장식된 관이 놓여 있죠. 관 뚜껑에는 그 안에 누워 있는 사람을 형상화한 조각 작품이 있기도 해요.

옛날 사람들은 자신이 살아가는 일상적인 생활 공간 속에 죽은 사람들을 모셨던 것 같아요. 제주도에 가 보면 집에서 가까운 텃밭 한가운데 묘가 있는 경우가 흔하죠. 그렇지만 요즘은 죽음을 대하는 사람들의 태도가 바뀌었어요. 옛날 사람들은 자손들이 지켜보는 가운데 유언을 남기며 집에서 죽음을 맞이했다면 요즘은 대개 병원에서 온갖 생명 연장 장치를 몸에 연결한 채 의식이 없어진 상태로 연명을 하다가 중환자실 같은 곳에서 외롭게 죽음을 맞이하는 경우가 많죠. 그리고 돌아가시면 집 가까운 곳에 모시는 것이 아니라 좀 멀리 떨어진 공동묘지나 납골묘에 모시죠. 장례식도 동네 사람들과 함께 치르는 것이 아니라 상조 회사에서 직원이 나와서 모든 것을 대신해 줘요.

『죽음 앞의 인간』을 쓴 프랑스의 역사학자 필립 아리에스는 오늘날 죽음을 대하는 태도가 이렇게 바뀐 것이 현대의 과학 기술 문명과 자본주의 때문이라고 생각해요. 의학 기술이 발달해서 사람들이 더 오래 살게 된 것은 좋지만, 오늘날 과학 기술은 생물학적인 생명을 연장시키기 위해 사람을 기술적인 처리의 대상으로 만들기 때문에 죽음이 가진 인간적인 의미들이 사라졌다는 거죠. 죽음은 살면서 우리가 늘 마주 대하고 함께해야 하는 어떤 것이라기보다 극복의 대상이 되었고, 삶을 위해서는 사라져야 하는 것이 되었다는 거예요. 열심히 일해야 하는 현대인들이 늘 죽은 자들과 함께 시간을 보낼 수는 없겠죠. 자본주의는 삶과 죽음의 공간을 명확하게 분리하고 죽음을 삶의 영역에서 몰아내 버렸어요. 그래서 우리는 일반적으로 살면서 죽음에 대해서 별로 생각하지 않게 되었어요. 특히 나 자신의 죽음에 대해서는 더 생각하지 않게 되었죠.

나만의 삶을 살려면?

독일의 철학자 하이데거는 죽음을 더 이상 생각하지 않고 살아가는 현대인을 일상적으로 수다나 떨고 소문에 귀 기울이면서 익명성 속에 개성 없이 살아가는 '일상인'의 모습으로 묘사했어요. 자본주의는 사람들을 거대한 경제 시스템 속에서 서로 맞물려 돌아가는 톱니바퀴처럼 만들어요. 사람들은 마치 대체 가능한 기계 부품처럼 획일화된 모습으로 살아가죠. 내가 회사에서 맡고 있는 일은 다른 사람도 할 수 있는 일이에요. 내가 일하고 먹고사는 데 나의 고유한 개성이 요구되지 않아요. 이런 환경 속에서 사람들은 자기 자신만의 삶을 사는 데 별로 관심이 없어요. 다른 사람들과 비슷한 삶을 살다가 죽는 거죠. 하이데거는 만약 사람이 이런 삶을 살다 죽는다면 그것을 사람다운 삶이라고 할 수 있겠느냐고 물어요. 내가 로봇으로 만들어져서 일하다가 망가져서 폐기 처분되어도 아마 비슷한 삶을 살았다고 볼 수 있을 거예요. 산다는

마르틴 하이데거(1889–1976) 독일의 철학자로서 그의 주저인 「존재와 시간」은 현대의 수많은 철학자들에게 영향을 주었다. 존재의 의미에 대한 물음을 새롭게 던져야 한다고 주장한 하이데거는 그런 물음을 통해 근대 철학의 이원론적인 세계관을 비판하고, 인간과 세계를 바라보는 새로운 관점을 열었다. 나치에 협력한 전력으로 제2차 세계 대전이 끝난 후 은둔 생활을 했다.

것은 정해진 매뉴얼에 따라서 기계적인 활동을 하다가 멈추는 것이 아니죠. 하이데거는 자기 자신만의 고유한 삶의 가능성을 스스로 열어서 그런 삶을 살아 나갈 때 사람답게 사는 것이라고 생각해요. 그렇게 하려면 무엇이 필요할까요? 아무도 대신할 수 없는 자기 자신만의 것을 찾아야겠죠. 하이데거는 그것이 바로 자기 자신의 죽음이라고 보았어요.

내가 사랑하는 사람을 위해서 나는 모든 것을 해 줄 수 있지만, 대신 죽어 줄 수는 없어요. 죽음은 오롯이 나의 것이에요. 내가 죽을 수밖에 없는 유한한 존재라는 사실을 생각할 때 나는 일상적인 삶의 방식에서 벗어나 오로지 나만의 삶을 살기 위한 방안을 모색하게 된다는 거죠.

내가 죽는다는 사실은 생각하기 싫지만 나의 삶을 살기 위해서는 필요한 것이죠. 늘 죽음을 생각할 필요는 없지만, 가끔은 나 자신의 죽음에 대한 생각이 불러일으키는 으스스한 기분을 느껴 보는 것도 나쁜 일은 아니에요. 그런 기분을 통해서 내가 사랑하는 사람들과 내가 하고 있는 일들을 돌아볼 수 있다면 최소한 우리는 막 살지는 않게 되겠지요.

선생님과 부모님 말씀은
언제나 옳을까?

부모님의 말씀을 잘 들어서 손해 볼 일은 없죠. 선생님이나 부모님은 늘 우리가 잘되길 바라니까요. 그래서 항상 우리에게 올바르게 행동하고 좋은 습관을 들이도록 잔소리를 하죠. 그렇지만 선생님과 부모님의 옳은 말씀은 늘 '옳은' 것일까요?

　이 물음에 대답하려면 선생님이나 부모님이 바라는 대로 '잘되는' 것이 무엇인지, 그리고 '올바른 행동'과 '좋은 습관'은 무엇인지 분명히 밝힐 필요가 있어요. 어른들은 자기 자식이 학교에서 훌륭한 성적을 거두었다거나 무슨 대회에 나가서 상을 탔다거나, 명문 대학에 입학했다거나, 대기업에 취업했다거나, 로스쿨에 입학했다거나 하는 등등 자식이 어려운 경쟁을 뚫고 남들은 성취하기 어려운 어떤 것을 성취한 것에 대해 자랑스러워해요. 또는 결혼을 하거나 아이를 낳는 것도 자랑거리가 되지요. 어른들은 모범생으로 자라서 좋은 직장을 얻고 결혼해서 자식을 낳는 삶을 '잘되는' 것이라고 생각하는 셈이죠. 그리고 그런 삶을 살려면 여러분 같은 학생들은 게임에 중독되거나, 담배를 피우거나, 몸에 문신을 하거나, 머리에 염색을 하거나, 화장을 지나치게 하거나, 게으르거나, 거짓말을 하거나, 학교를 잘 빼먹거나, 심지어 성적이 안 좋아도 안 돼요. 그런 짓을 하면 당장 '비행 청소년'이라는 딱지가 붙지요.

올바른 행동과 좋은 습관이란 학교의 규칙을 잘 지키고, 일찍 일어나고, 공부를 열심히 하고, 게임, 술, 담배 등을 멀리하는 것 등을 의미해요. 이런 '올바름'에 대한 상식은 늘 올바른 것일까요? 프랑스의 철학자 미셸 푸코는 이런 상식들이 생긴 지가 그리 오래 되지 않았다고 주장해요. 이성의 시대라고 불리는 서양의 근대가 시작되면서 이런 상식들이 우리 마음을 지배하기 시작했다는 거죠. 이 상식들이 우리에게 은연중에 강요하는 삶의 방식은 '근면', '성실' 같은 것이에요. 그런 삶이 올바르다는 것이 우리에게 내면화되어 있어서 우리는 심지어 선생님이나 부모님이 직접 말하지 않아도 스스로 그렇게 살아야 한다고 생각해요. 여러분 중에도 컴퓨터 게임을 몇 시간 하거나 스마트폰을 가지고 몇 시간을 보내고

나면 뭔가 잘못한 것 같은 느낌을 갖는 사람이 있을 거예요. 그것은 여러분 스스로 시간을 헛되이 보내는 것이 일종의 죄악이라고 생각하기 때문이죠.

그렇지만 그것은 우리 시대의 어떤 가치가 우리의 정신을 지배하고 있기 때문이지, 그런 것이 늘 죄로 여겨질 필연성은 없어요. 조선 시대와 같은 신분 사회에서 양반들은 열심히 일하지 않는다고 해서 죄책감을 느꼈을 것 같지는 않아요. 일은 마당쇠가 하면 되는 것이죠. 물론 훌륭한 선비들은 직접 노동도 하고 시간을 아껴 공부도 했을 거예요. 그러나 그런 식으로 산 사람은 많지 않았을 것이고, 더욱이 출세를 포기한 양반들은 굳이 힘들게 살려고 하기보다는 풍류를 즐기는 데 관심을 가졌을 거예요.

하지만 근대와 더불어 시작된 자본주의 사회는 모든 사람들이 열심히 생산적인 노동에 참여하지 않으면 굴러가지 않는 시스템을 만들었어요. 시간은 곧 돈이 되었고, '효율성'에 위배되는 것은 제거되거나 극복될 필요가 있었어요. 사람들이 게으르게 생활

하거나, 결혼을 하지 않거나, 결혼해서 아이를 낳지 않거나, 상품을 소비하지 않거나, 경쟁하기를 싫어하게 되면 자본주의 경제 시스템은 돌아가지 않게 돼요. 그래서 서양의 근대는 이성과 합리성의 이름으로 근면, 성실, 빠름, 경쟁, 효율, 생산, 소비 등등을 정상적인 것, 올바른 것으로 만들고, 게으름, 불성실, 느림, 비효율, 무계획, 무능력, 일탈 등을 비정상적인 것, 나쁜 것으로 만들었어요. 그러니까 우리가 놀면서 느끼는 양심의 가책은 사실 '근대'라는 시대가 만든 일종의 규율 때문이라는 거죠.

선생님이나 부모님의 잔소리는 그런 규율에 충실히 따르라는 것이에요. 우리 시대가 금방 변하지 않는 한, 우리는 선생님이나 부모님의 말씀을 듣는 게 우리한테 좋을 거예요. 그렇지만 우리는 동시에 비행 청소년이 있기 때문에 모범생이 존재한다는 것도 잊어서는 안 돼요. 이 말은 우리의 성공은 누군가의 실패를 근거로 한다는 것이죠. 이런 세상에서는 모두가 '잘되는' 상황을 꿈꿀 수 없어요. 누군가의 불행으로 내가 행복해지는 것이 내가 바라는 것인가요? 선생님과 부모님의 옳은 말씀은 나를 위해서는 옳겠지만, 모두를 위해서 옳은 말씀은 아닌 것 같아요.

철학은 보통 만학의 왕이라고 해요. 그리고 가장 근본적인 것에 관한 학문이라고도 하죠. 철학 공부는 사실 쉽지 않아요. 철학을 공부하려면 영어는 물론이고, 독일어나 프랑스어, 심지어 라틴어나 희랍어를 공부해야 할 경우도 있어요. 이 책에서는 다루지 않았지만 동양 철학을 공부하려면 한자와 한문 공부를 해야 하죠. 언어를 익히고 난 다음에도 철학자들의 어려운 글들을 이해하려고 책과 씨름해야 해요. 쉬운 철학책은 거의 없어요. 그렇지만 가장 어려운 것은 가장 근본적인 질문들을 다루어야 한다는 점일 거예요. 철학자들은 보통의 사람들이 묻지 않는 것들을 물어요. 그리고 단편적인 물음들을 하나로 엮어서 전체적인 답을 내놓아요. 그 과정에서 우리가 평소에 생각하지 못했던 것들을 새로운 각도에서 생각하게 해 주죠.

철학적인 질문을 던진다는 것은 상식에 도전하는 것이기도 해요. 사람들은 늘 선생님과 부모님의 말씀을 잘 들어야 한다고 말하지만 왜 그런지에 대해서는 더 이상 말하지 않아요. 그것을 너무나도 당연하게 생각하고 있기 때문이죠. 그러나 우리는 때때로 선생님과 부모님의 말씀도 진짜로 옳은 것인지 물어볼 필요가 있어요. 아무리 훌륭한 사람이라도 모든 것에 다다를 만큼의 시야를 갖지는 못하니까요. 철학적인 질문은 우리를 점점 더 넓은 물음의 지평으로 데려다줘요. 그래서 분명한 답을 얻게 되지는 못할지라도 우리가 옳다고 생각한 것이 늘 옳은 것은 아닐 수 있다는 성찰을 하게 해 주죠.

　이 책을 쓰는 내내 조카인 승훈이, 친구의 아들인 승보, 선배님의 딸인 다현이를 생각했어요. 이 친구들은 모두 중학교 1, 2학년의 나이예요. 저도 이제 나이가 들어서 어린 친구들의 생각을 잘 알지 못해요. 이 친구들의 똘똘하고 귀여운 얼굴을 생각하면서 이런 정도로 쓰면 좀 이해해 주지 않을까 하는 심정으로 글을 썼어요. 어려운 글보다는 쉬운 글을 쓰는 것이 정말 어렵다고 해요. 맞는 말 같아요. 이 책을 읽는 학생들이 재미있게 읽어 주면 정말 고마울 것 같아요.

질문하는 사회 06

행복이 정말 인생의 목표일까?

초판 1쇄 발행 2018년 12월 10일
초판 4쇄 발행 2022년 9월 7일

지은이 이유선
그린이 조원희
펴낸이 이수미
편집 이해선
북 디자인 신병근
마케팅 김영란

종이 세종페이퍼   인쇄 두성피엔엘   유통 신영북스

펴낸곳 나무를 심는 사람들
출판신고 2013년 1월 7일 제2013-000004호
주소 서울시 용산구 서빙고로 35 103동 804호
전화 02-3141-2233   팩스 02-3141-2257
이메일 nasimsabooks@naver.com
블로그 blog.naver.com/nasimsabooks

ⓒ 이유선, 2018
ISBN 979-11-86361-82-5
      979-11-86361-44-3(세트)